Déco *facile !*

Créations pour la maison

burda

Editions France Loisirs

26 avenue de l'Europe - CS 60052
67013 Strasbourg Cedex

Responsable éditorial :
Willy Aboulicam et Véronique Papillard

Maquette : Willy Aboulicam

ISBN : 978-2-298-02755-6
N° éditeur : 56538
Dépôt légal : décembre 2009

Impression : Delo Tiskarna, Ljubljana
Printed in Slovenija 2009

Éditions France Loisirs,
123, boulevard de Grenelle, Paris
www.france-loisirs.com

Déco *facile !*

Créations pour la maison

burda

Editions France Loisirs

Sommaire

Introduction

Les pages qui suivent ont été composées en suivant le rythme des saisons : les modèles que nous vous proposons sont regroupés en 4 grands chapitres où sont déclinées des ambiances qui évoquent les grandes périodes de l'année. Chaque chapitre est divisé en différents thèmes. Si vous désirez réaliser tel ou tel type de modèle, vous pouvez consulter l'index de la page 94-95. Chaque modèle est assorti d'une liste de fournitures signalant à titre indicatif les marques et les références des matériaux que nous avons utilisés. Il est possible que certaines références ne soient plus suivies, mais vous pouvez cependant réaliser tous nos modèles avec des matériaux équivalents disponibles dans le commerce. Pour vous aider à trouver des fournisseurs, reportez-vous à notre carnet d'adresses de la page 96 ■

Rose et rayonnant

Couleur de la tendresse, le rose bonbon pétille grâce à ces petites touches flashy. La déco idéale des anniversaires, mariages et bien sûr des baptêmes.

1 • Ronds de serviettes

Dimensions : *env. 8 cm de diamètre. Motif page 10.*
Fournitures : *du bois, une petite scie • de la peinture acrylique et un pinceau • un marqueur à pointe fine rouge foncé réf. 9244160 • une cordelette rose (les deux : KnorrPrandell) • du papier calque • du papier carbone • de la colle à chaud Uhu.*

Réalisation

Décalquez le motif, reportez-le sur le bois à l'aide du papier carbone, découpez le bois à la scie selon les contours du motif, polissez avec du papier de verre. Peignez la fleur en blanc, laissez sécher. Peindre les bords du bois et le cœur avec la peinture acrylique correspondante, laisser sécher. Quand la peinture est sèche, collez la cordelette sur la face inférieure de la fleur.

1

2 • Nappe

Dimensions : *env. 114 x 114 cm. Voir le croquis page 10.*
Fournitures : *env. 110 cm de piqué de coton à motif fleuri en 155 cm de large, et env. 120 cm de coton rayé rose en 150 cm de largeur • fil à coudre universel coordonné (Gütermann creativ). Pour les fleurs en feutre : du feutre rose, réf. 956 (J. Daimer) • des perles de cire blanches, diamètre 3 mm, réf. 6086004 et des épingles à broches, longueur 20 mm, réf. 6400205 (KnorrPrandell) • aiguilles à coudre.*

Réalisation

Assemblez entre elles quatre des bandes de bordure le long des côtés en biais, jusqu'au tiret (voir schéma), répétez l'opération avec les quatre autres bandes. Ouvrez les coutures au fer. Placez le premier encadrement endroit contre endroit sur la partie centrale de la nappe, les côtés intérieurs de l'encadrement chevauchant les côtés du carré. Piquez puis retournez les marges de couture vers les bordures, à l'aide d'un fer à repasser. Retournez l'ensemble, placez le deuxième encadrement endroit contre endroit sur le premier, piquez le long des côtés extérieurs, coupez les marges de couture un peu avant la couture dans les angles. Retournez le deuxième encadrement sur l'envers du premier, couchez les marges de couture vers l'envers au fer à repasser, faites une piqûre sur l'endroit le long des petits côtés. Pour les fleurs en feutrine, suivez les instructions de la page 10. Sur la face inférieure de chaque fleur, fixez une épingle à broche, épinglez la fleur à la nappe. Retirez les fleurs avant chaque lavage.

2

Tracé des modèles 1 et 4

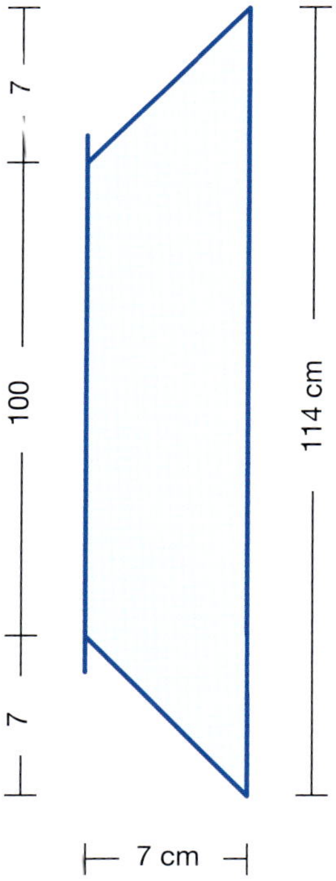

Croquis du modèle 2

PAS À PAS : LES ROSES EN FEUTRINE

Pliez dans le sens de la longueur une bande de feutrine de 27 x 5 cm. Repliez en biais l'une des extrémités de la bande pour commencer à former le cœur de la fleur.

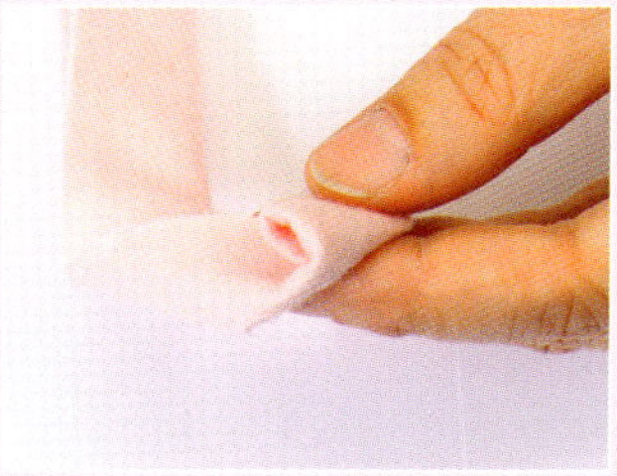

Continuez à plier la bande en l'enroulant sur elle-même (voir photo ci-dessus) pour former peu à peu les pétales entourant le cœur.

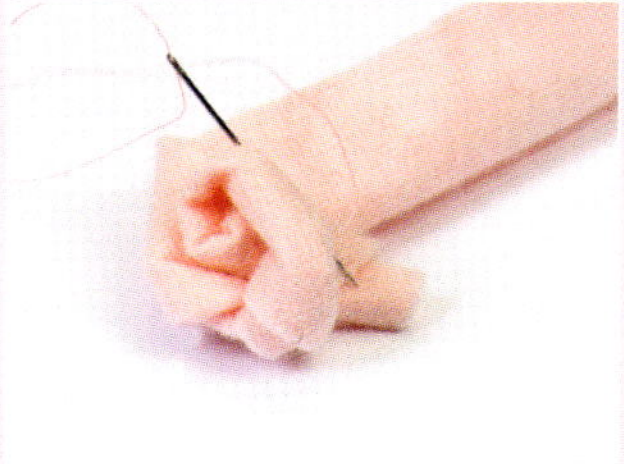

Une fois le cœur de la fleur réalisé, fixez-le par quelques points de couture. Après chaque tour de pétales, ou çà et là si nécessaire, faites ainsi quelques points de fixation.

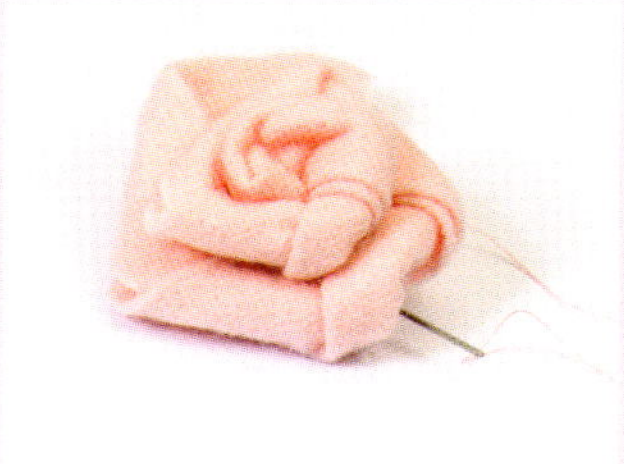

Continuez à plisser et enrouler la bande de feutre autour du cœur en fixant chaque tour réalisé. Cousez la fin de la bande sous la fleur.

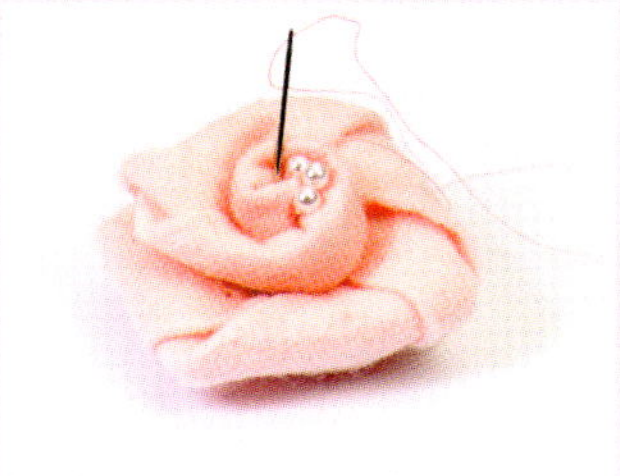

A l'aide d'une aiguille, passez deux fois un fil à travers le cœur de la fleur, puis enfilez trois perles de cire. Cousez les perles, repassez le fil sous la fleur.

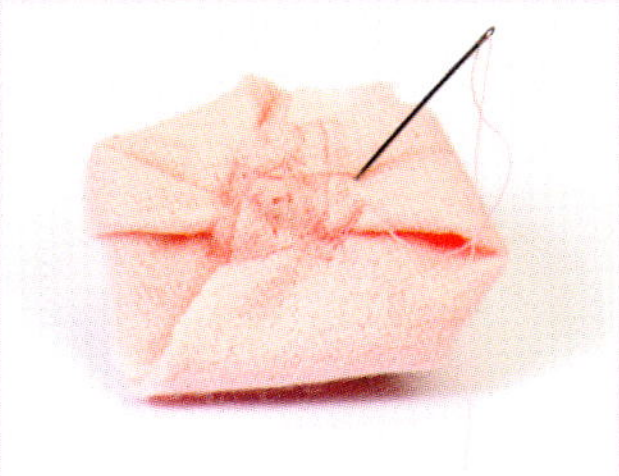

Avec le fil passé sur l'arrière, cousez éventuellement une épingle pour broche. Vous pourrez ainsi retirer facilement les roses avant tout lavage.

3 • Marque-place

■ Dimensions : *env. 9 x 4 cm*
■ Fournitures : *du bristol blanc et rose • un assortiment de 5 feuilles de papier recyclé rose (A4), réf. 1600955 • des ciseaux cranteurs • un marqueur à pointe fine rose, réf. 9244224, Waco • du fil de fer argenté • une pince de bricolage (le tout, KnorrPrandell) • des ciseaux • de la colle forte universelle Uhu • des galets.*

■ Réalisation

Découpez des rectangles de 9 x 4 cm dans le bristol rose, 8,5 x 3,5 cm dans le papier recyclé et 6,5 x 2,5 cm dans le bristol blanc. Découpez le contour des rectangles blancs avec les ciseaux cranteurs, collez les cartes blanches sur les roses, écrivez les noms.

Supports : entourez plusieurs fois chaque galet de fil de fer argenté, entortillez le fil sur lui-même sur le dessus du galet, formez une spirale verticale avec la tige restante. Pour ce faire, enroulez le fil autour d'un crayon ou d'une baguette de bois. A l'extrémité supérieure, formez deux anneaux très rapprochés l'un derrière l'autre, introduisez un carton entre les deux anneaux.

4

Tracé du modèle 4

4 • Plateau sur pied

Dimensions : *66 x 40 x 60 cm (hauteur x profondeur x largeur). Voir les motifs page 10 et ci-contre.*

Fournitures : *un plateau en pin sur pieds, peint en blanc • peinture acrylique matte Hobby Line rose 75513 et rouge 75505 • du vernis mat • des feutres-pinceaux Hobby Line pointe 1,2 mm blanc 47210, rose vif 47217 et rouge 47212 • un pinceau plat et un pinceau pour pochoir (le tout, C. Keul) • du papier de verre • une feuille transparente épaisse • un marqueur pour transparents • un cutter • un support de coupe.*

Réalisation

Réalisez un pochoir pour chaque motif (3 fleurs, 1 feuille), à l'aide de la feuille transparente et du marqueur. Evidez la feuille selon les contours de chaque motif. Commencez par réaliser au pochoir les fleurs et les feuilles, en mélangeant les teintes de peinture à votre idée. Travaillez avec un pinceau sec, sans remplir entièrement les motifs (voir photo). Quand la peinture est sèche, peignez le cœur des fleurs à l'aide du pinceau pour pochoir. Repassez les contours des motifs et dessinez quelques petites feuilles à main levée avec les feutres-pinceaux Hobby Line, voir la photo. De la même manière, soulignez les contours du plateau et de son support. Après séchage, vernissez le tout.

5 • Vases

Dimensions : *au choix.*

Fournitures : *des vases de verre variés • pour les fleurs de feutrine, voir page 10 • un fin ruban de velours rose, une épingle pour broche (KnorrPrandell).*

Réalisation

Pour les fleurs de feutrine, voir page 10. Nouez joliment le ruban autour de chaque vase. Fixez une épingle pour broche à l'arrière de chaque fleur. Epinglez les fleurs.

5

En avant le printemps !

Une explosion de couleurs. Après la triste grisaille de l'hiver, l'impatience nous gagne : quelle joie de voir apparaître les narcisses, crocus, muscaris et tulipes !

6 • Ronds de serviette

Dimensions : *env. 8,5 cm de diamètre. Voir motifs p16.*

Fournitures : *peinture universelle DecoArt orange 210, rose layette 262, violette 314, vert Hauser clair 417 • Triple gloss DecoArt, vernis brillant réf. 38066000 • un pinceau plat • des ciseaux • un ruban de satin avec lisière tissée, 6 mm de largeur, rose 5150916, orange 5150934 et lilas 5150939 (le tout Rayher Hobby, magasins de loisirs créatifs) • du papier calque • des restes de bristol pour les pochoirs • du contreplaqué, 8 mm d'épaisseur • des restes de baguette ronde, 20 mm de diamètre • une scie à chantourner ou à découper • du papier de verre • des punaises ou une agrafeuse • de la colle à bois Uhu à prise rapide.*

Réalisation

Décalquez le motif, découpez le calque selon ses contours. Reportez le motif sur le carton, évidez-le. A l'aide de ce pochoir, reportez le motif aussi souvent que désiré sur le bois, découpez les motifs à la scie. Pour le cœur des fleurs, découpez dans la baguette ronde des rondelles de 3 mm d'épaisseur. Polissez le tout au papier de verre, puis peignez. Collez ensuite les rondelles, passez sur le tout une couche de Triple gloss. A l'arrière de chaque fleur, fixez un ruban avec une punaise ou une agrafe

7 • Vases

Dimensions : *env. 15 à 28 cm de hauteur, Voir motifs p16.*

Fournitures, *des vases en papier mâché avec insert en aluminium, réf. 8182200 (blanc), réf. 8182100 (orange), réf. 8182500 (vert) • de la peinture universelle DecoArt en blanc 102, orange 210, rose layette 262, violet 314, vert Hauser clair 417 • Triple gloss DecoArt, vernis brillant réf. 38966000 • un pinceau plat, un pinceau pointu • du bristol pour les pochoirs • des ciseaux (le tout, Rayher Hobby, magasins de loisirs créatifs) • du papier carbone Burda, du papier calque.*

Réalisation

Peignez les vases en blanc, vert, orange, laissez sécher. Décalquez les motifs, reportez-les à l'aide du papier carbone sur le bristol, évidez celui-ci pour les pochoirs. Sur le bristol dessinez aussi des cercles de 3 cm et 4 cm de diamètre, évidez-les. A l'aide des pochoirs, peignez les fleurs et les cercles sur les vases, à votre idée ou d'après la photo. Sur chaque fleur du vase orange, peignez un petit cercle pour le cœur et répartissez des petits points sur tout le vase. Décorez le long col avec des rayures, voir photo. Quand la peinture est sèche, posez une couche de triple gloss sur l'ensemble.

7

Tracé des modèles 6 et 7

8 • Porcelaine

Dimensions : *env. 15 cm de haut, 9 cm de diamètre ; tasse : env. 7 cm de haut, 8 cm de diamètre ; pot à lait : env. 10 cm de haut. Motif ci-dessous.*

Fournitures : *marqueur PorcelainPen Hobby Line brillant 160°, rouge cerise 16403 • papier graphite 23048 (le tout, C. Kreu) • white-spirit • papier calque • mug en porcelaine, pot à lait, service à café au hoix. Attention : Veillez à ce que vos objets de porcelaine résistent à la chaleur du four !*

Réalisation

Nettoyez la porcelaine au white spirit. Décalquez le dessin (motif de feuille) sur le papier calque et reportez-le sur la porelaine à l'aide du papier graphite. Dessinez les lettres à main levée, reportez-les. Reproduisez les motifs et les contours pointillés à votre idée ou selon la photo. Laissez sécher la peinture durant 4 heures. Placez la porcelaine dans le four froid. Quand la température de 160° est atteinte, maintenez-la durant 90 minutes, puis laissez refroidir les pièces dans le four fermé. Les motifs peints sont alors résistants aux intempéries et imperméables et ils supportent le lave-vaisselle.

Conseil : mieux vaut éviter de décorer les parties exposées aux boissons et aux aliments, comme le bord des mugs et la surface des assiettes.

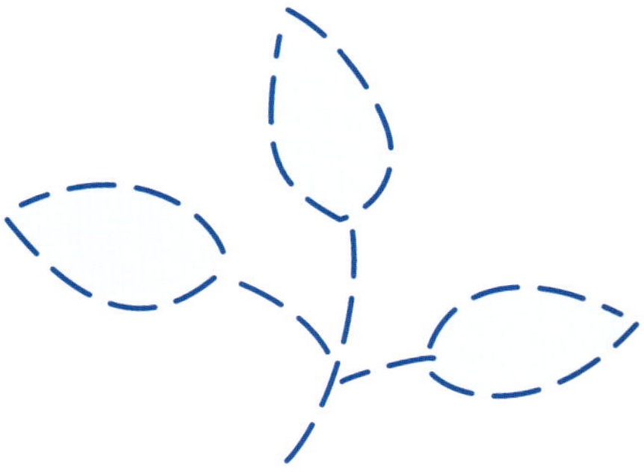

Tracé du modèle 8

8

Rayon vert

Offrez à votre cuisine un petit coup de peinture fraîche ! Bleu ciel et vert de mai y créeront très vite une vraie douceur printanière et raviveront sans doute vos ardeurs culinaires...

9 • Déco aux asperges

Fournitures : *un bocal • des herbes et des fleurs au choix • des asperges vertes • de la ficelle, un élastique.*

Réalisation

Placez l'élastique autour du verre. Coupez les tiges des asperges à la même longueur, glissez-les autour du bocal sous l'élastique. Entourez le tout avec une ficelle, nouez-la, supprimez l'élastique. Remplissez le bocal avec de l'eau, placez-y les fleurs et les herbes.

10 • Chemin de table

Dimensions : *90 cm de largeur ; longueur égale à celle de la table + rabats à votre idée.*

Fournitures : *du tissu de coton en 150 cm de large, bleu clair uni (quantité à définir) et env. 55 cm de tissu à petits carreaux verts et blancs • fil assorti universel (Gütermann Creativ) • peinture textile DecoArt blanche réf. 102 • un pinceau pour pochoir • pochoir à peindre avec lettres de l'alphabet, réf. 3811600 (le tout Rayher Hobby, magasins de loisirs créatifs).*

Réalisation

Découpe : le dessus du chemin de table, 90 cm de large, longueur = celle du plateau de la table + 2 fois env. 20 cm de rabat, bleu ciel ; pour la bordure, 2 bandes de 90 cm x 22 cm de large (largeur finie 11 cm) dans le tissu à carreaux.
Coupez toutes les pièces en prévoyant une marge de couture de 1 cm, et 2 cm pour les longs côtés de la partie supérieure.

Marche à suivre : faites un double ourlet d'1 cm sur les longs côtés du dessus du chemin de table. Pliez en deux chaque bande de bordure dans le sens de la longueur et endroit contre endroit, fermez les petits côtés. Retournez les bandes, repassez-les. Placez chaque bordure obtenue, endroit contre endroit, le long d'un petit côté de la partie centrale, piquez. Maintenez la marge de couture par de petits points à la main, surpiquez sur l'endroit, à 2 mm de cette couture. Lavez le chemin de table (sans adoucissant) avant de le décorer au pochoir, repassez-le. Réalisez l'inscription au pochoir, à votre idée ou selon la photo. La peinture textile est lavable après env. 2 jours de séchage (sans fixateur), jusqu'à 40° avec une lessive douce.

10

11

11 • Plateau

■ **Dimensions:** *39 x 28 cm.*
■ **Fournitures:** *un set de plateaux en bois, dim. ci-dessus et 30 x 20 cm, réf. 6208400 • peinture universelle DecoArt en blanc réf. 102, Sahara réf. 523, bleu layette réf. 358 et vert gazon réf. 422 • vernis mat DecoArt • pochoir à peindre avec lettres de l'alphabet, réf. 3811600 • un pinceau plat et un pinceau pour pochoirs (le tout, Rayher Hobby, magasins de loisir créatifs) • du ruban adhésif de peintre • une règle • un crayon.*

■ Réalisation

Peignez le plateau en blanc, laissez sécher. Divisez la surface du plateau en plusieurs zones colorées, à votre idée ou selon la photo, en prévoyant assez de place pour l'inscription. Délimitez l'une après l'autre les lignes de séparation avec de l'adhésif et peignez chaque surface à votre idée ou selon la photo, en laissant sécher à chaque fois. Eclaircissez légèrement la peinture verte avec du blanc. Réalisez l'inscription souhaitée au pochoir. Après séchage, posez une couche de vernis mat sur le plateau.

12

12 • Nappe

■ **Dimensions :** *env. 50 cm de diamètre.*

■ **Fournitures :** *env. 50 cm de tissu de coton bleu clair uni, en 150 cm de large • env. 70 cm de tissu à petits carreaux verts et blancs • fil universel assorti (Gütermann creativ).*

■ Réalisation

Coupe : pour le dessus de la nappe, 1 pièce de 50 cm de diamètre dans le tissu bleu clair; pour la bordure, 1 pièce de 157 cm x 30 cm (largeur finie 15 cm) dans le tissu à carreaux. Attention : pour atteindre les bonnes dimensions, la bordure se compose de deux parties assemblées.
Découpez toutes les pièces en prévoyant 1 m de marge de couture sur tous les côtés.

Marche à suivre : assemblez en anneau la bande prévue pour la bordure, ouvrez les coutures au fer. Repliez la bande en deux, dans le sens de la longueur et envers contre envers, repassez le pli. Piquez la bande obtenue, endroit contre endroit tout autour du dessus de la nappe, en crantant à intervalles réguliers avec les ciseaux. Faites un point zig-zag sur les marges de couture. Repassez la nappe finie et placez-la sur votre table.

13 • Boîtes

■ **Dimensions :** *10 cm de diamètre, 13 cm de haut • 7 cm de diamètre, 8,5 cm de haut.*

■ **Fournitures :** *des boîtes en copeaux de bois, la grande réf. 6155500, la petite réf. 6155400 • de la peinture universelle DecoArt en blanc réf. 102, bleu royal réf. 376, bleu layette réf. 358 et vert gazon réf. 422 • vernis mat DecoArt • pochoir à peindre avec lettres de l'alphabet réf. 3811600 • un pinceau plat et un pinceau pour pochoir • du bristol pour les pochoirs • un support de découpe • un cutter (le tout, Rayher Hobby, magasins de loisirs créatifs) • du voile Vliesofix (Freudenberg) • du tissu de coton à petits carreaux verts et blancs, en 150 cm de large • des ciseaux • du papier calque • du papier carbone.*

■ Réalisation

Peignez les boîtes en bleu et en vert, en éclaircissant le Bleu royal et le Vert gazon avec du blanc. Avec l'aide des pochoirs, reportez l'inscription souhaitée sur le papier calque et réduisez-la à l'aide d'une photocopieuse à une taille de 2 cm. Reportez cette inscription réduite sur le bristol à l'aide du papier carbone, évidez les lettres. Peignez l'inscription au pochoir sur les boîtes, laissez sécher et vernissez.

Recouvrez les couvercles : appliquez au fer à repasser le vliesofix (partie papier vers le haut) sur l'envers du tissu. Reportez le contour du couvercle sur le papier, ajoutez une marge de couture de 1 cm. Découpez la forme, crantez la marge de couture à intervalles de 0,5 cm, sur tout le pourtour. Retirez le papier protecteur. Au fer à repasser, appliquez cette face sur le couvercle, rabattez la marge de couture sur le pourtour, repassez. Pour la bordure, découpez une bande de longueur égale à la circonférence de la boîte, en prévoyant 1 cm de marge. A l'aide de fines bandes de vliesofix placées sur l'envers, sur les longs côtés et sur un petit côté, rabattez les marges sur l'envers. Puis déposez au fer, sur l'envers, une bande de vliesofix aux dimensions de la bordure. Retirez le papier protecteur et posez la bande au fer tout autour du bord du couvercle, de manière que le petit côté replié au fer chevauche le début de la bande.

13

C'est la **fête !**

Ce sont les petites choses qui font les plus belles fêtes. Ces détails qui illuminent la déco et font aussi de bien jolis cadeaux !

14 • Photophore

Dimensions : *env. 10 cm de diamètre, 10 cm de hauteur.*

Fournitures : *un bocal cylindrique, réf. 6906206 • un ornement décoratif autocollant, réf. 1580303 • de la soie synthétique blanche, réf. 1606698 • du papier recyclé métallique nacré, effet cuir craquelé réf. 1611303 (le tout, KnorrPrandell) • une bougie de la taille correspondante • un roller de colle Uhu.*

Réalisation

Découpez un morceau de soie synthétique à la taille du bocal, en prévoyant une patte de collage. Collez une bande de papier recyclé nacré (largeur 1 cm) en bordure de la longueur inférieure du morceau de soie. Collez l'ornement décoratif au milieu du morceau de soie. Mettez le morceau de soie en place et refermez-le d'un trait de colle sur la patte de collage.

15 • Photophore

Dimensions : *env. 13 cm de diamètre, 13 cm de hauteur*

Fournitures : *un vase de verre conique, réf 6906982 • de la soie à motif doré, réf. 1613799 • du papier recyclé nacré effet cuir craquelé, réf. 1611303 • un morceau de ruban « october leaves », réf. 6321714 • du papier recyclé blanc, réf. 1600960 pour la petite enveloppe (le tout, Knorr Prandell) • un roller de colle Uhu • de la colle universelle Uhu • une règle • un crayon • une feuille de papier blanc • du ruban adhésif.*

Réalisation

De haut en bas du vase, collez un morceau de ruban adhésif, puis tracez une ligne droite le long d'un côté de la feuille. Placez le vase sur la feuille en faisant coïncider précisément l'adhésif avec la ligne tracée. Faites rouler le vase lentement sur le papier, de manière que ses bords supérieur et inférieur fassent une marque, et cela jusqu'à ce que le ruban se trouve à nouveau sur la feuille de papier. Sur un côté de la forme obtenue, ajoutez une patte de collage. Découpez l'ensemble de la forme, faites un essai en la plaçant autour du vase, corrigez si nécessaire. Le long du bord supérieur, collez une bande de papier recyclé, de 3 cm de largeur. Collez un morceau de ruban à feuilles tout autour du raccord. Mettez en place la forme de papier autour du vase, collez-la le long de la patte de collage. Confectionnez une petite enveloppe, glissez un petit message à l'intérieur, refermez l'enveloppe et fixez-la sur le photophore avec une belle agrafe.

16

16 • Gâteau décoratif

Dimensions : *env. 18 cm de diamètre, 9,5 cm de haut.*
Fournitures : *une boîte de carton, réf. 8283613 • de la soie rehaussée de gouttes dorées, réf. 1613099 • un morceau de ruban « october leaves », réf. 6321714 • du ruban d'organza blanc, 6 mm de largeur • 6 supports de bougies à embout métallique, réf. 8768927 • des petits strass carrés autocollants, col. rose/cristal, réf. 1571106 (le tout, KnorrPrandell) • un papier dentelle rectangulaire • bougies assorties • colle universelle Uhu.*

Réalisation

Recouvrez de soie la boîte et son couvercle. Pour décorer le pourtour du couvercle, découpez le bord du papier dentelle (sur env. 4 cm de large) et collez-le autour du couvercle, en le laissant dépasser du couvercle sur 1 cm. Fixez le ruban d'organza avec quelques points de colle autour du couvercle, nouez-le joliment. Collez le ruban aux feuilles au-dessus du ruban d'organza (après l'avoir éventuellement repassé), décorez-le avec les petits strass, voir la photo. Collez les supports de bougies sur le couvercle, placez-y les bougies.

17 • Love

Dimensions : *env. 37 x 7 cm, 10cm de haut.*
Fournitures : *du papier décoratif blanc à effet relief • peinture acrylique blanc mat • pinceau (le tout, Knorr Prandell) • colle forte universelle Uhu • colle à chaud Uhu • 1 baguette de contreplaqué de 37 x 7 cm, une autre de 34 x 3 cm, 10 mm d'épaisseur • du papier de verre.*

Réalisation

Peignez les baguettes et les lettres en blanc, laissez sécher. Collez du papier à effet relief sur la partie supérieure des baguettes, puis collez la petite baguette au milieu de la grande. Fixez les lettres à la colle chaude, voir la photo.

18 • Photophores

Dimensions *au choix.*
Fournitures : *tissus de dentelle blanche, au choix • fil à coudre universel (Gütermann creativ) • récipients de verre cylindriques, au choix.*

Réalisation

Coupez les pièces de tissu ; longueur = circonférence du verre + marge de couture ; hauteur = hauteur du verre + 2 marges de 2 cm pour les ourlets supérieur et inférieur. Veillez à ne pas couper les motifs de dentelle en découpant les pièces ! Faire 2 ourlets doubles de 1 cm sur les longueurs supérieure et inférieure, puis fermez la couture arrière. Ouvrez les coutures au fer, passez l'enveloppe sur le verre.

18

Service soigné

Les jolis accessoires participent aux petits plaisirs de la vie. Des plateaux originaux, une fleur photophore, et dîner au jardin devient une fête !

19 • Plateau

Dimensions : *env. 42 x 27 cm, 13 cm de hauteur.*
Fournitures : *60 x 60 cm de contreplaqué, 10 mm d'épaisseur • une scie à chantourner ou à découper • une perceuse à bois • du papier de verre • de la colle à bois Uhu à prise rapide (le tout, Opitec) • de la peinture à bois Hobby Line jaune pastel 78523, rose pastel 78525 • du vernis mat Hobby Line pour bois peint • un pinceau plat (le tout, C. Kreul) • du papier calque • du papier carbone • des serre-joint.*

Réalisation

Dessinez sur le contreplaqué les deux parties latérales de 6 x 40 cm, et le fond du plateau, 40 x 25 cm. Décalquez le motif de la poignée sur du papier calque, complétez-le symétriquement. Avec du papier carbone, reportez deux fois le motif sur le contreplaqué, percez un trou où introduire la lame de la scie puis découpez les contours à la scie. Polissez le tout au papier de verre. Collez les parties latérales puis les poignées sur les côtés du plateau, maintenez le tout avec des serre-joint pour le séchage. Peignez le plateau avec les peintures pour bois et après séchage vernissez le tout.

21

20 • Photophore de table

Dimensions : *env. 34 x 21 cm, Tracés de motif pages 30 et 31.*
Fournitures : *env. 40 x 30 cm de contreplaqué, 10 mm d'épaisseur • une scie à chantourner ou à découper • une perceuse à bois • du papier de verre (le tout, Opitec) • peinture pour bois Hobby Line rose pastel 78525 • vernis mat pour bois Hobby Line • un pinceau plat (le tout, C. Keul) • du papier calque, du papier carbone.*

Réalisation

Décalquez le motif et agrandissez-le à 200 % à la photocopieuse. A l'aide du papier carbone, reportez le motif agrandi sur le contreplaqué. Découpez la fleur à la scie, pour le cercle évidé situé au milieu des pétales, percez un trou où introduire la lame de la scie. Polissez les côtés et les surfaces au papier de verre, peignez avec la peinture à bois. Après séchage, vernissez le tout. Au centre de la fleur, placez un photophore muni d'une bougie.

20
19

21•Anneaux fleuris

Dimensions : *env. 10 cm de diamètre. Motifs ci-contre.*
Fournitures : *de la feutrine rose, magenta, lilas et orange • des restes de fils à broder coordonnés • du molleton 280 • un peu de papier calque et de papier carbone Burda.*

Réalisation

Dessinez la fleur sur du papier calque, complétez-la symétriquement, reportez-la 2 fois sur la feutrine à l'aide du papier carbone, ne reportez les cercles (cœur des fleurs) que sur la feutrine orange. Découpez les différentes parties. Pour chaque anneau, découpez dans le molleton une fleur plus petite de 2 mm. Superposez deux par deux des fleurs de même couleur, glissez entre les deux une fleur en molleton, placez au-dessus de l'ensemble un centre de fleur orange, épinglez le tout. Avec trois brins de fil à broder et au point avant, assemblez les différentes parties le long du contour extérieur, cousez aussi le centre orange. Pour les anneaux découpez deux bandes de feutrine assorties, mesurant chacune 4 x 20 cm. Superposez les deux bandes, assemblez-les au point avant. Formez un anneau avec chaque double bande, faites une couture d'assemblage à l'arrière.n trombone au bord inférieur de la découpe.

Motifs du modèle 21

Motif du modèle 20

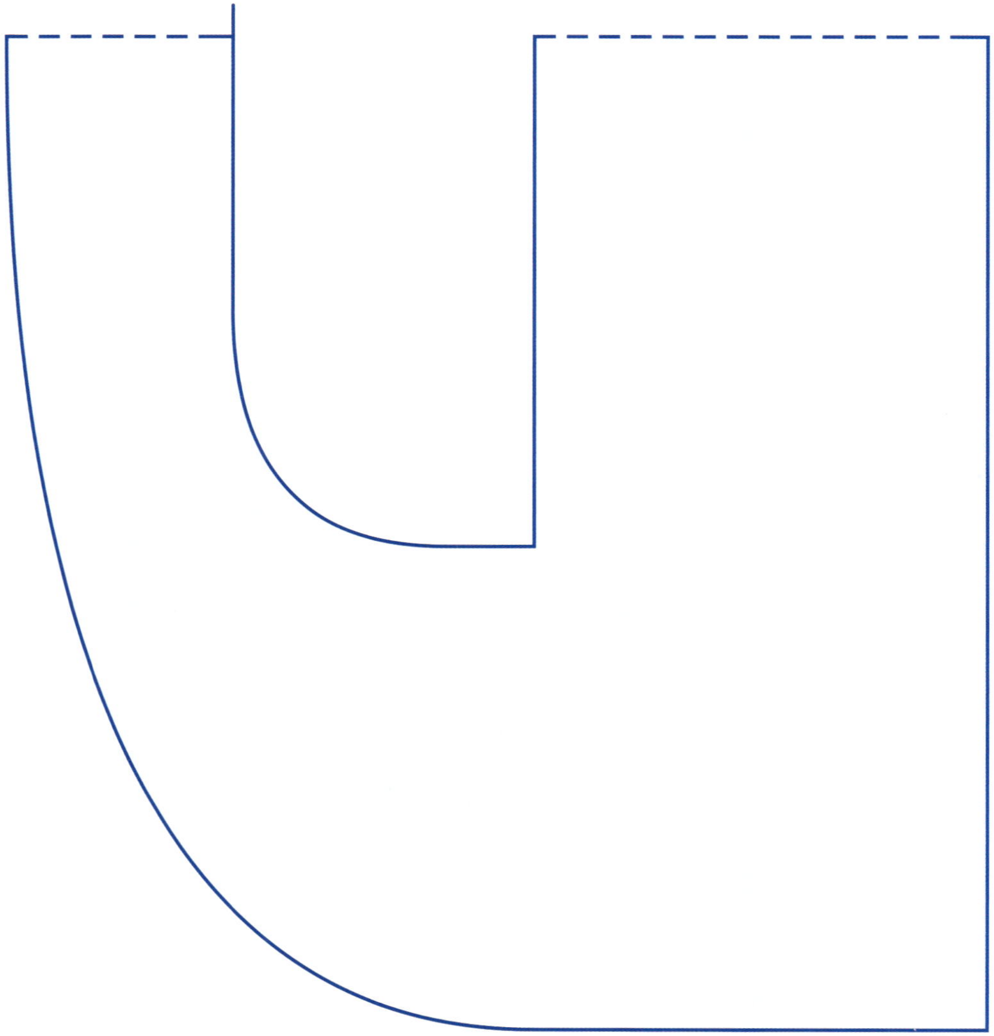

Motif du modèle 20

Douceur & transparence

Ces enveloppes légères et transparentes laissent deviner ce qu'elles recèlent : de bien jolies choses, naturellement !

22 • Déco de table

■ **Dimensions :** *env. 20 cm de longueur, env. 20 cm de circonférence.*
■ **Fournitures :** *pour chaque enveloppe de serviette, env. 30 x 30 cm de tissu de déco transparent en 150 cm de largeur, jaune, rose et lilas, ou à votre idée • du fil métallique argenté, env. 0,8 mm de diamètre (KnorrPrandell).*

■ Réalisation

Pour chaque enveloppe de serviette, coupez une pièce de 26 x 26 cm. Faites un double ourlet de 1,5 cm sur les quatre côtés. Assemblez à la main deux côtés ourlés et opposés. Coupez un morceau de fil argenté d'env. 65 cm. Formez des spirales aux deux extrémités et enroulez le fil autour des enveloppes de serviette, voir la photo.

22

23 • Sacs à bouteille

Dimensions : *env. 14,5 x 37 cm.*
Fournitures : *pour chaque sac, une pièce de tissu transparent d'env. 20 x 90 cm en 150 cm de largeur, rose et lilas.*

Réalisation

Découpez une pièce de tissu de 16 x 80 cm, les marges de coutures et d'ourlets étant comprises. Superposez les petits côtés, assemblez les longs côtés et le fond par une piqûre à la largeur du pied de votre machine. Assemblez et surjetez les marges de couture. Faites un double ourlet de 1,5 cm sur le bord supérieur du sac. Glissez-y une bouteille, décorez avec des rubans et des fleurs coordonnés.

23 • Photophores

Dimensions : *env. 19 cm de haut, env. 37 cm de circonférence (bocaux d'environ 20 cm x 37 cm).*
Fournitures : *pour chaque photophore, env. 40 x 50 cm de tissu déco transparent jaune, rose et lilas, ou à votre idée, en 150 cm de largeur • env. 1,40 m de galon perlé transparent, 2 cm de largeur, de couleurs assorties pour chaque photophore.*

Réalisation

Pour une enveloppe de photophore, coupez une pièce de 35 x 40 cm, les marges de coutures et d'ourlets étant comprises. Sur un côté de 40 cm qui fera le bord supérieur, faites un double ourlet de 2,5 cm, repassez, pour le bord inférieur faites un double ourlet de 5,5 cm, repassez. Epinglez deux galons perlés à 0,5 cm du bord supérieur et du bord inférieur, bâtissez, pour le bord inférieur, placez un galon supplémentaire à environ 1 cm de l'autre, bâtissez. Cousez les galons à petits points verticaux entre les perles. Sur les petits côtés, surfilez les bords du tissu, repliez endroit contre endroit et piquez en ménageant une marge de couture de 1,5 cm. Ouvrez les marges de couture au fer.

23

MEDERAÑO
Freixenet
1998
ESPAÑA
20
Le Filou
rosé
1998
FRANCE
19

Une oasis de détente

Tomber sous le charme d'une petite fleur ; la mettre en valeur entre coussins et petits carreaux. Ou comment créer de petits cadeaux originaux...

24 • Chemin de table

■ **Dimensions :** *50 cm de largeur, longueur en fonction de votre table.*
■ **Fournitures :** *du tissu de lin transparent vert et du taffetas vert ou tout autre tissu brillant au choix • fil à coudre coordonné • env. 110 cm de ruban de velours (coloris assorti), 2 cm de largeur • 1 m de galon perlé couleur jade, réf. 70003432 (Rayher Hobby, magasins de loisirs créatifs).*

■ **Réalisation**

Coupe : pour la partie centrale, 1 pièce de lin de 50 cm de largeur, longueur = celle du plateau de la table + 2 fois env. 15 cm. Pour les bordures, 2 bandes de tissu brillant de 50 cm de longueur x 40 cm de largeur (largeur finie 20 cm). Prévoir autour de toutes les pièces une marge de couture de 1 cm, 4 cm pour les longs côtés du chemin de table.

Marche à suivre : faites un double ourlet de 2 cm sur les longs côtés du chemin de table. Pliez en deux chaque bande de bordure, dans le sens de la longueur, et endroit contre endroit, fermez les petits côtés. Retournez les bandes sur les côtés ouverts repliez les marges de couture vers l'envers au fer à repasser. Glissez la marge de couture des petits côtés du chemin de table entre les côtés ouverts des bandes de bordure, surpiquez. Coupez en deux le ruban de velours et le galon perlé. Epinglez les rubans à 1 cm des coutures d'assemblage, insérez en-dessous les galons perlés, bâtissez puis piquez les rubans après avoir replié sur l'envers leurs deux extrémités.

25 • Photophores

■ **Dimensions :** *au choix*
■ **Fournitures :** *1 m de galon bordé de perles en jade, réf. 70003432 (Rayher Hobby, magasins de loisirs créatifs) • un ruban de velours vert clair, 2 cm de largeur • fil à coudre coordonné • verres variés.*

■ **Réalisation**

Coupez le ruban de velours à une longueur égale à la circonférence du verre + une marge de couture, piquez le galon de perles le long du bord inférieur du ruban, fermez le ruban en anneau, passez-le autour du verre. Placez une bougie dans chaque photophore.

25

26 • Tablette

Dimensions : *env. 21 cm de hauteur, voir croquis page suivante.*

Fournitures : *du contreplaqué, 10 mm d'épaisseur • une scie à chantourner ou à découper • une perceuse à bois, du papier de verre, des vis • de la pâte à bois, une spatule (magasins de bricolage) • peinture matte acrylique Fin blanche réf. 9004440, vert clair 9004700 et du vernis mat • un pinceau plat (le tout, KnorrPrandell) • de la colle à bois Uhu à prise rapide • du papier calque, du papier carbone.*

Réalisation

Décalquez le motif, complétez-le symétriquement au-delà de la ligne pointillée, reportez-le deux fois sur le bois à l'aide du papier carbone, une fois avec la fente en haut et une fois en bas (voir le schéma). Percez un trou dans le bois pour introduire la lame de la scie, puis découpez le bois selon les contours des motifs. Dessinez le plateau rond (diamètre 28 cm), découpez-le à la scie. Polissez le tout au papier de verre.

Insérez les deux parties du support l'une dans l'autre, collez-les éventuellement. Pour fixer le plateau rond, percez un trou en son milieu, vissez le plateau sur le support, en enfonçant la vis d'environ 1 à 2 mm dans le bois, comblez l'interstice avec de la pâte à bois à l'aide de la spatule, laissez sécher puis polissez cette surface au papier de verre. Peignez le tout avec un mélange de blanc et de vert clair, laissez sécher puis passez le vernis mat.

Papillons

Des papillons sur les meubles et les tissus, pour une déco tout en légèreté, facile à réaliser : donnez des ailes à votre créativité !

27 • Nappe

■ **Dimensions :** *selon la taille de la table.* *Motifs page 41.*

■ **Fournitures :** *une nappe blanche toute faite ou une pièce de lin, au choix • des restes de tissus rayés, fleuris ou à carreaux, au choix • du Vliesofix • du papier calque.*

■ Réalisation

Appliquez sur la nappe plusieurs papillons de tissus (motif taille moyenne), selon la méthode décrite pour les coussins, voir la photo. Pour que les papillons adhèrent encore mieux, faites un point zig-zag à la machine ou à la main sur les contours des motifs.

28 • Coussins

■ **Dimensions :** *env. 40 x 40 cm, voir motif ci-dessous*

■ **Fournitures :** *des housses de coussin de couleur unie • des restes de tissus rayés, fleuris ou à carreaux, au choix • du Vliesofix • du papier calque.*

■ Réalisation

Décalquez le motif (grand papillon) et complétez-le symétriquement au-delà de la ligne médiane pointillée. Reportez les contours du motif sur la face en papier du Vliesofix, découpez grossièrement et appliquez la face rugueuse du Vliesofix au fer à repasser sur l'envers du tissu choisi. Découpez précisément le papillon, retirez le papier protecteur et appliquez au fer à repasser sur le devant du coussin.
Pour que les papillons adhèrent encore mieux, faites un point zig-zag à la machine ou à la main sur les contours des motifs.

27

28

29

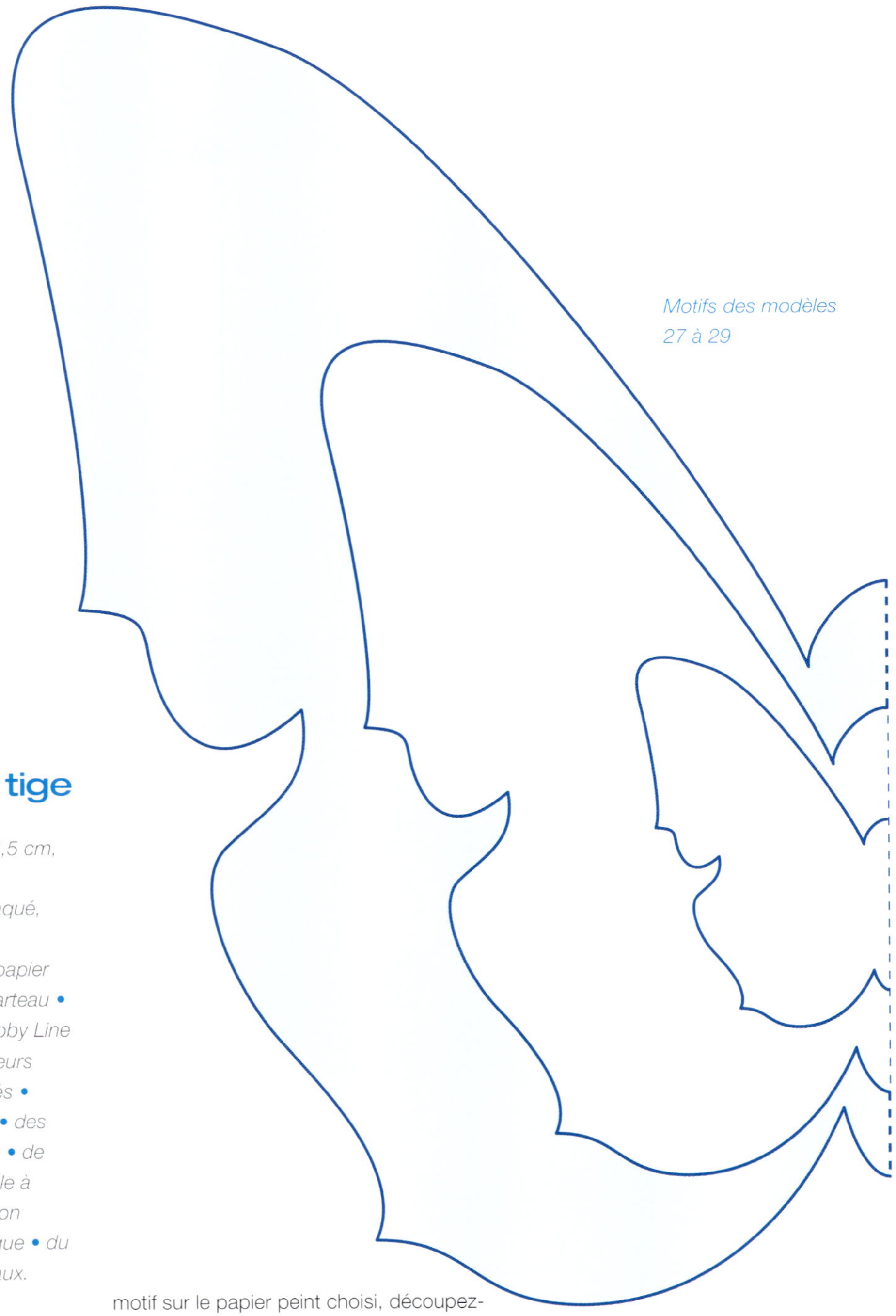

Motifs des modèles 27 à 29

29 • Papillons sur tige

■ **Dimensions :** *env. 18 x 13,5 cm, voir motif ci-contre.*

■ **Fournitures :** *du contreplaqué, 8 mm d'épaisseur • une scie à chantourner ou à découper • du papier de verre ; des petits clous • un marteau • de la peinture matte acrylique Hobby Line blanche réf. 75201 et autres couleurs assorties aux papiers peints utilisés • un pinceau plat (le tout, C. Kreul) • des restes de papiers peints, au choix • de la colle à papier peint • une spatule à maroufler • des baguettes à section carrée, 5 x 5 mm • du papier calque • du papier carbone Burda • des ciseaux.*

■ Réalisation

Sciez les baguettes à la longueur désirée, peignez-les en blanc. Reportez le motif (le plus petit) sur le papier calque et complétez-le symétriquement au-delà de la ligne médiane pointillée. Reportez le motif sur le bois, à l'aide du papier carbone, découpez les contours à la scie, polissez au papier de verre. Reportez deux fois le motif sur le papier peint choisi, découpez-les et collez-les sur les deux faces du papillon de bois. Clouez la baguette sur la face arrière. Peignez éventuellement les côtés du papillon dans des couleurs assorties à celles du papier peint.
Ces petits papillons peuvent aussi joliment orner des cadeaux ou des ronds de serviette. On peut les peindre, y coller du papier peint ou des serviettes en papier.

Magie des roses

Leur charme n'est plus à démontrer. Ces présentations originales permettent de les disposer çà et là dans nos intérieurs, pour notre plus grand plaisir.

30 • Cœurs

■ **Dimensions :** *env. 12 x 16 cm.*
■ **Fournitures :** *tissu fleuri (Quilt Shop), aiguille à coudre et aiguille à broder pointue (Prym) • fil à broder mouliné coordonné (Coats) • perles • fil à coudre coordonné ; herbes et fleurs séchées • papier calque.*

■ Réalisation

Dessinez un cœur régulier, complétez-le symétriquement et découpez-le. Epinglez le calque sur le tissu, en veillant à laisser voir une rose entière, voir la photo. Découpez le cœur en tissu en prévoyant une marge de 1 cm autour du calque. Répétez l'opération pour un deuxième cœur en tissu. Placez les deux cœurs endroit contre endroit, piquez en laissant un espace libre pour retourner le tout, crantez les marges à intervalles réguliers. Retournez le cœur, repassez-le, remplissez-le de fleurs séchées, fermez la couture à la main, à petits points. Brodez sur les pétales de la rose quelques points de nœud avec 3 fils de mouliné. Enfilez la goutte de cristal sur un fil. Sur les deux extrémités réunies, enfilez 1 perle verte, la perle crochetée, 1 perle rouge et 1 perle verte, fixez le fil sous la pointe du cœur. Pour la bride enfilez sur un fil 24 perles de cristal coloré et des perles rouges, au choix. Sur les deux extrémités réunies, enfilez 1 perle rouge, 1 perle verte et une perle de cristal, cousez la bride à la partie supérieure du cœur.

31 • Housses pour flacons

■ **Dimensions :** *env. 6 cm de diamètre, 20 cm de hauteur.*
■ **Fournitures :** *feutre de laine rouge réf. 438 en 160 cm de largeur (J. Daimer) • fil à coudre coordonné • du papier calque. Pendentifs : perles de cristal taillé Swarovski, 4 mm de diamètre, pierre de lune réf. 14216120, grenat réf. 14216817, et diamètre 6 mm vert tilleul réf. 14281414 • gouttes à facettes taillées en cristal acrylique, 15 x 12mm, réf. 1501137, perles crochetées vert moyen 2 cm de diamètre, réf. 1500229 (le tout, Rayher Hobby, magasins de loisirs créatifs) • aiguilles et fil de couleur claire.*

■ Réalisation

Coupez grossièrement deux morceaux de feutre, épinglez-les autour des flacons. Coupez aux bonnes dimensions avec des marges de couture de 1 cm et utilisez ces pièces comme patron pour les deux autres housses. Sur les petits côtés d'une pièce de feutre, repliez les marges de couture sur l'envers, repassez, piquez à la largeur du pied de votre machine. Pliez la pièce endroit contre endroit et fermez par une couture latérale, recoupez les marges de couture. Retournez la housse et glissez-la sur un flacon. Pendentifs : Enfilez les gouttes à facettes taillées sur un long fil. Sur les deux extrémités réunies enfilez 2 perles vertes, la perle crochetée, 1 perle verte et 2 perles rouges. Puis sur chacune des extrémités enfilez en alternant 3 perles blanches et 1 perle rouge, jusqu'à ce que la longueur désirée soit atteinte, voir la photo. Fixez le collier à l'arrière de la housse par un petit point de couture.

31

Cuisine aux herbes

Sur une table, les herbes aromatiques relèvent nos plats et pimentent notre déco ! Voici quelques idées pour décorer la table et mettre vos convives en appétit

32 • Pot à petit pain

Dimensions : *env. 11 cm de hauteur.*

Fournitures : *un pot d'argile, 7 cm de diamètre, 6 cm de hauteur, réf. 534.170 (set de 10) • peinture matte acrylique Hobby Line blanche réf 451.421, Kreul • un pinceau • un marqueur permanent 400, réf. 536.028, Edding • papier calque blanc (références Opitec) • de la ficelle très fine • des oeillets, avec l'outil de pose. Pour la pâte à pain : 1 kg de farine blanche, 40 g de levure de boulanger, 600 à 700 ml d'eau tiède, 2 cuillers à café de sel, du beurre, de la chapelure • des bâtonnets de bois, ex. piques d'apéritif.*

Réalisation

Versez la farine dans un saladier, faites un volcan. Délayez la levure dans l'eau, versez au milieu de la farine. Versez le sel sur le pourtour du volcan, puis mélangez bien le tout et pétrissez. Laissez lever la pâte dans un endroit tiède env. 1 heure. Lavez les pots, beurrez-les bien, couvrez de chapelure les parois intérieures. Travaillez à nouveau la pâte, répartissez-la dans les pots jusqu'à ras bord. Préchauffez le four et enfournez les pots 20 à 30 minutes à env. 180 ou 200 degrés (au bout de 20 minutes, testez la cuisson avec un bâtonnet de bois).
On peut mélanger à la pâte des herbes, de petits morceaux de noix, du lard fumé, des oignons étuvés... Pour cuire moins de pâte, divisez les quantités par deux.

Finitions : détachez les petits pains et peignez légèrement les pots en blanc. Quand la peinture est sèche, replacez les petits pains sur les pots. Découpez les étiquettes dans le papier transparent, écrivez les noms, placez un œillet sur chaque étiquette. Entourez chaque pot de ficelle, passez-y une branche d'aromate et une étiquette.

Menu
Petite salade aux herbes folles
Fricassée de poulet
à l'antillaise
•
Riz pilaf à l'indienne
Charlotte aux fraises

33 • Porte-bouteilles

Dimensions : *env. 20 x 30 m, hauteur 28 cm.*

Fournitures : *un porte-bouteilles au choix • un morceau de contreplaqué de 21 x 30 cm, 4 mm d'épaisseur • une perceuse à bois • une scie à chantourner ou à découper • du papier de verre ; vernis-colle pour serviettes en papier (Art Potch, réf. 451.373, Kreul) • des serviettes en papier à motifs d'aromates • des pinceaux • des ciseaux cranteurs variés • peinture matte acrylique blanche et beige, Kreul • un marqueur permanent noir • du fil métallique argenté (le tout, Opitec) • de la ficelle fine et claire.*

Réalisation

Peignez en blanc le porte-bouteilles, créez de petits accents beiges, laissez sécher. Découpez les motifs des serviettes en papier, prélevez la couche supérieure des motifs, disposez-les sur le porte-bouteilles, recouvrez-les de vernis-colle. Ecriteau : Découpez-le à la scie (8 x 10 cm), percez un trou pour l'accrochage. Polissez-le au papier de verre en arrondissant les 4 côtés. Peignez l'écriteau en blanc avec de petites touches de beige, laissez sécher. Collez les motifs des serviettes en papier, selon les instructions ci-dessus. Accrochez l'écriteau au porte-bouteilles avec de la ficelle.

Motifs suspendus : Découpez les motifs sur les serviettes en papier, placez-les sur le contreplaqué, reportez les contours avec une marge de 3 à 4 mm tout autour. Découpez à la scie, percez sur chaque motif un trou pour l'accrochage, polissez les côtés, peignez en blanc et laissez sécher. Prélevez la couche supérieure des motifs en papier, posez-les délicatement sur leurs supports et recouvrez-les de vernis-colle, enduisez aussi les côtés et l'arrière des ornements. Après séchage, posez de petits anneaux métalliques et attachez les motifs sur les bouteilles avec de la ficelle.

Conseil : on peut aussi, après séchage, recouvrir l'ensemble de vernis mat acrylique (Kreul).

34 • Plateau à poignée

Dimensions : *env. 29 x 17,5 cm, 11 cm de hauteur*

Fournitures : *un plateau de bois à poignée, au choix • un marqueur permanent noir 400, réf. 536.028, Edding (le tout, Opitec) • matériel pour la technique des serviettes en papier, voir fournitures pour le porte-bouteilles • de la ficelle fine et claire.*

Réalisation

Voir les explications du modèle porte-bouteilles. Décorez les différentes parties du plateau à votre idée ou selon la photo.

34

Le temps des cerises

Nul ne peut résister à ces petites merveilles sucrées. Au printemps, elles ravissent nos palais et éclaboussent nos tables d'éclats écarlates !

35 • Marque-place

■ Dimensions : *env. 12 cm de hauteur. Motif ci-dessous.*

■ Fournitures : *de la pâte à modeler « Efaplast » (500 g) durcissant à l'air, blanche (E. Faber) • du fil de fer plastifié vert • une pince coupante • du papier à dessin vert clair • du papier calque, peinture acrylique Decormatt rouge carmin 032 et bordeaux 034 (Marabu) • un pinceau.*

■ Réalisation

Pour les cerises en pâte à modeler, formez des boules d'env. 3 ; 5 cm de diamètre. Pressez-les légèrement sur une surface lisse afin qu'elles ne roulent pas. Pour les tiges, plantez un morceau de fil de fer plastifié d'env. 12 cm dans chacune des boules, laissez sécher le tout. Mélangez les peintures rouges jusqu'à obtenir la teinte idéale, peignez les cerises. Décalquez le motif de la feuille, découpez le calque et reportez-le plusieurs fois sur le papier à dessin. Découpez les feuilles, inscrivez les noms et plantez-les sur les fils de fer.

36 • Photophores

■ Dimensions : *Ø 11 cm, H 19 cm.*

■ Fournitures : *socle et rebord de lanterne en carton, 11 cm de Ø, réf. 89152 • du papier de soie paillé vert tilleul • du papier transparent blanc et rouge (le tout, Heyda) • colle universelle Uhu • peinture acrylique Decormatt jaune citron 020 (Marabu) • un pinceau • un feutre noir • des ciseaux.*

■ Réalisation

Découpez un rectangle de 17 x 37 cm dans le papier transparent blanc, et des cercles de 3 cm de diamètre dans le papier transparent rouge, pour les cerises. Collez les cerises sur le rectangle, voir la photo. Dessinez les tiges avec le feutre noir. Peignez le socle et le dessus de la lanterne. Quand la peinture est sèche roulez le rectangle en cylindre aux dimensions du socle, collez le cylindre et fixez-le dans le socle et la partie supérieure. Découpez des feuilles dans le papier de soie paillé, d'après le motif, et collez-les sur le rebord supérieur.

36

La nature à l'honneur

Les trésors rapportés d'une balade sur la plage, quelques feuilles et branchages suffisent à cette composition, aux formes et couleurs de la nature.

37 • Décor de table

Dimensions : *env. 22 cm de hauteur*
Fournitures : *un récipient de céramique, au choix • de la mousse synthétique humidifiée • de la mousse • des branches de mahonia • du buis • des œillets blancs • des brindilles • des plumes • des coquillages et des coquilles d'escargots • du fil de fer • de la colle Uhu à chaud et un pistolet à colle • un sécateur.*

Réalisation

Découpez un morceau de mousse synthétique à la taille du récipient et plongez-le dans l'eau jusqu'à ce qu'il soit bien trempé. Placez cette mousse dans votre récipient, recouvrez avec de la mousse naturelle. Coupez de petits morceaux de branches de mahonia et de buis, raccourcissez les tiges des œillets. En guise de piques, collez de petites branches verticalement à l'intérieur des coquillages et des coquilles d'escargots. Enroulez du fil de fer autour des petites brindilles, formez une pique avec l'extrémité du fil de fer. Arrangez tous ces éléments en les piquant joliment dans la mousse synthétique à travers la mousse naturelle. A l'aide d'une aiguille à tricoter, percez des trous dans la mousse pour y introduire les tiges des fleurs fraîches.

37

38 • Couronne

■ **Dimensions :** *env. 25 cm de diamètre*
■ **Fournitures :** *un anneau métallique pour couronnes • de la mousse synthétique sèche • du buis: de la mousse naturelle • de petites branches et des brindilles • des coquillages et des coquilles d'escargots • de la colle à chaud Uhu et un pistolet à colle • du fil de fer ou des agrafes de fleuristes • un sécateur.*

■ Réalisation

Coupez de petits morceaux de branches et de brindilles. Coupez la mousse à la bonne taille, arrosez-la, placez-la dans l'anneau, recouvrez-la de mousse naturelle ; enroulez du fil de fer autour des branches et des brindilles et disposez-les sur le pourtour, glissez-y des branches de buis, plantez quelques coquillages collés sur des piques, voir la photo.

Le grand **bleu**

Il évoque le ciel, la mer, et ressort particulièrement bien sur le vert. A la belle saison des jardins, misez tout sur le bleu !

39 • Housses de bouteille

Dimensions : *selon les bouteilles, au choix. Voir croquis ci-dessous.*

Fournitures : *du tissu de coton bleu ciel et deux tissus à carreaux différents, bleu/vert/beige • des perles de rocaille bleu clair, diamètre 4 mm, réf. 1430008 • des mini-coquillages réf. 8502300 (les deux, Rayher Hobby, magasins de loisirs créatifs) • du fil à coudre coordonné • du papier calque • pour les poissons : peinture acrylique DecoArt turquoise d'Inde 392 • un pinceau (les deux, Rayher Hobby) • du contreplaqué, 4 mm d'épaisseur • une scie à chantourner ou à découper • une vrille à bois • du papier de verre.*

Réalisation

Tissu uni : hauteur = env. 2/3 de la hauteur d'une bouteille, voir photo, circonférence = celle de la bouteille + marge de couture. Tissu à carreaux : longueur = circonférence de la bouteille + marge de couture, largeur = 8 cm (largeur finie 4 cm) + 1 cm de marge de couture sur chaque côté.
Surjetez tous les côtés. Pliez en deux la bande de tissu à carreaux dans le sens de la longueur et envers contre envers, épinglez la bande endroit sur envers le long du côté supérieur du tissu uni, piquez. Rabattez la bande à carreaux sur l'endroit, repassez. Faites un ourlet d'1 cm sur le côté inférieur du côté uni. Appliquez les bords endroit contre endroit et fermez en anneau.
Décalquez le motif du poisson, découpez-le. Reportez sur le bois le motif au nombre désiré, découpez à la scie, percez dans chaque poisson un petit trou, polissez les côtés au papier de verre. Peignez les poissons en turquoise, en délayant la peinture avec de l'eau, laissez sécher. Enfilez un fil double dans une aiguille, faites un nœud aux extrémités. Piquez l'aiguille dans le côté inférieur du tissu à carreaux, de l'intérieur vers l'extérieur, tirez le fil, enfilez 5 perles de rocaille et 1 poisson, puis repassez le fil dans les perles. Repiquez l'aiguille à l'endroit où vous l'aviez sortie, guidez le fil un peu plus loin entre les deux couches de tissu. Enfilez 5 perles de rocaille et un poisson, et ainsi de suite tout autour de la bouteille. Fixez les fils ornés de coquillages de la même manière. Sur les longs fils, enfilez 10 perles de rocaille, 1 coquillage et 1 perle de rocaille, puis repassez le fil dans le coquillage et les perles du haut. Sur les fils courts enfilez 3 perles de rocaille, 1 coquillage et 1 rocaille puis repassez le fil comme décrit ci-dessus.

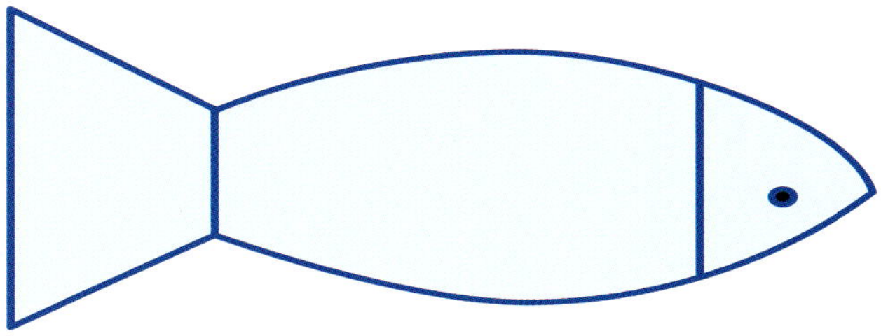

39

40 • Carte

Dimensions : *env. 17 x 16 cm. Voir croquis page suivante.*

Fournitures : *du bristol bleu royal • du papier à dessin blanc, bleu royal, bleu d'Arabie, rouge clair et vert éternel • du papier transparent blanc • des pastilles adhésives 3D blanches • de la peinture universelle DecoArt blanche • un pinceau (le tout, Rayher Hobby) • des mini-œillets argentés, un outil de pose • du papier blanc épais pour l'enveloppe • des ciseaux • un cutter • une règle • un crayon • de la colle universelle Uhu extra-forte, des bandes adhésives • une fine cordelette blanche • une pique de brochette en bois • du papier calque • du papier carbone Burda.*

Réalisation

Découpez dans le bristol un rectangle de 34 x 16 cm, pliez-le en deux. Décalquez les motifs. A l'aide du papier carbone, reportez le motif ondulé sur le devant de la carte et découpez-le. Découpez les nuages dans du papier à dessin blanc, collez-les sur l'autre volet de la carte, placez sur cette partie un morceau de papier transparent égal en largeur mais dépassant d'1 cm en haut et en bas, repliez et collez ces rabats au dos de la carte. Collez du papier sur la face arrière pour dissimuler les rabats. Découpez les vagues dans les deux tons de papier bleu et mettez-les en place avec des pastilles adhésives 3D (voir la photo). Pour le mât coupez un morceau de pique en bois de 10 cm, peignez-le en blanc et laissez sécher. Découpez le fanion (complétez-le symétriquement au-delà de la ligne médiane pointillée) et la coque du bateau dans le papier bleu d'Arabie, les voiles dans le papier blanc. Décorez la coque avec des rayures, placez un œillet dans chaque angle des voiles. Fixez le mât derrière la coque à l'aide de bandes adhésives. Collez le fanion en haut et autour du mât, décorez-le de rayures. Passez la cordelette dans les œillets, voir la photo. Collez le bateau avec les pastilles adhésives. Dessinez l'enveloppe à taille réelle d'après les dimensions du schéma sur le papier blanc, découpez le long des contours après avoir plié les lignes pointillées, arrondissez éventuellement les rabats. Collez d'abord les rabats latéraux puis le rabat inférieur.

Motifs du modèle 40

Le ciel, le soleil **et la mer**

Ces créations évoquent les vacances tout au long de l'année. Leur secret : un dégradé de nuances bleues et divers trésors offerts par la nature

41 • Ronds de serviette

Dimensions : *env. 3 cm de largeur, 19 cm de circonférence*
Fournitures : *des boutons nacrés en ivoire, à un trou, diamètre 20 mm, réf. 17061104 (Rayher Hobby, magasins de loisirs créatifs) • du fil de chanvre à crocheter Anchor Nativa, col. naturel 926 et brun 360 (Coats) • un crochet n° 2,5 ou 3 • aiguille et fil à coudre.*

Réalisation

Monter une chaînette de 19 cm de longueur et la fermer en anneau. Crocheter ensuite 5 rangs de mailles serrées en brun (3ème rang col. naturel), faire un autre anneau en inversant les couleurs, voir les photos. Arrêtez le travail. Avec du fil à coudre, fixez les boutons le long du dernier rang.

41

42 • Coupes

Dimensions : *env. 25 cm de diamètre, voir schma ci-dessous.*
Fournitures : *1 m de galon à perles, réf. 70003801 • des boutons nacrés en ivoire, à un trou, 15 mm de diamètre, réf. 17060104 • des perles de bois col. naturel, 4 mm de diamètre, réf. 1200031 (le tout, Rayher Hobby, magasins de loisirs créatifs) • fil de chanvre à crocheter Anchor Nativa col. naturel 926 (Coats) • de petites coupes de bois, au choix (ex. Ikea) • de la colle forte universelle Uhu • une vrille à bois • du papier de verre à grain fin.*

Réalisation

Collez tout simplement le galon de perles sur le bord de la coupe. Second modèle : percez tous les 2 cm un petit trou sur le pourtour de la coupe, polissez au papier de verre. Fixez les boutons et les perles à l'aide d'un fil passé dans les trous, voir schéma. Pour cela, commencez par enfiler un bouton et une perle de bois sur un long fil, repassez le fil dans le trou, faites un nœud à env. 10 cm du début du fil en repassant le fil de l'arrière vers l'avant. Guidez ensuite le fil à travers le prochain trou, enfilez une perle et un bouton et repassez dans le trou de l'extérieur vers l'intérieur, voir le schéma. Continuez ainsi de suite (schéma), nouez les extrémités et coupez-les.

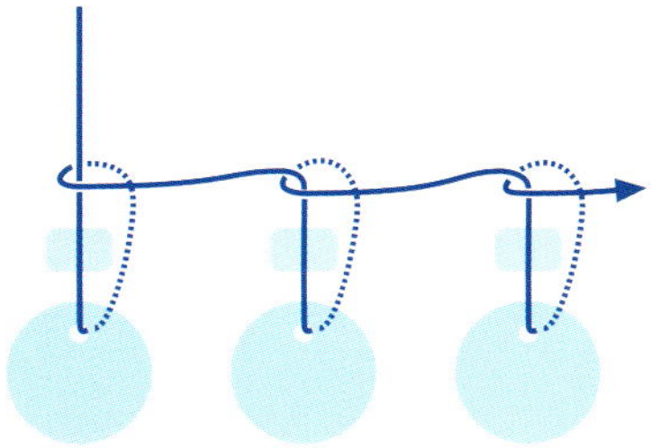

42

Le charme de **l'églantier**

Déclinés en rouge vif et orange lumineux ces petits fruits aux couleurs de l'automne éclairent les jours qui raccourcissent. Laissez vous prendre à leur charme !

43 • Branche

■ Dimensions : *env. 50 cm de longueur. Voir motifs ci-dessous et p 62.*
■ Fournitures : *du carton ondulé rouge • du crêpe pour fleuristes, vert • de la feutrine vert clair • du fil de fer • du bristol pour les pochoirs • des perles de cire ou de bois, brunes, 4 mm Ø (le tout, Rayher Hobby) • des ciseaux • une règle • un crayon • du papier calque • du papier carbone • de la colle universelle Uhu extra-forte • une pince ronde • une pince coupante.*

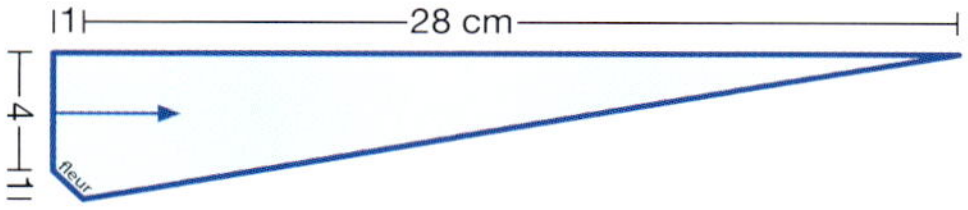

■ Réalisation

Décalquez les motifs (fleur, feuille), reportez-les à l'aide du papier carbone sur le bristol, évidez-les. Dessinez sur le bristol les formes pour les églantines, d'après les mesures du schéma. Reportez chaque motif 6 fois à l'aide des pochoirs : les bandes destinées aux églantines dans le carton ondulé, les fleurs et les feuilles sur la feutrine. Découpez tous les motifs selon leurs contours, passez dans les fleurs un long morceau de fil de fer muni d'un nœud en son milieu, enfilez une perle. Recourbez l'extrémité de chaque fil de fer. Pour les églantines, enroulez sur elles-mêmes, en serrant bien, les bandes de carton ondulé, de la base du triangle vers la pointe, voir le schéma, tout en enfermant une fleur de feutrine, de manière que les feuilles surplombent la fleur et que le fil de fer passe au milieu de l'églantine (à cet endroit, enduisez le carton avec un peu de colle). Pendant l'opération, tenez fermement les feuilles, de manière que la fleur ne soit serrée qu'au milieu, voir la photo. Enroulez fermement le carton, fixez l'extrémité. Fixez chaque feuille de feutrine avec un morceau de fil de fer. Réunissez les églantines et les feuilles en « grappes », puis formez une branche, voir le schéma. Enduisez de colle des bandes de crêpe vert de 2 cm de large, enroulez-les autour des fils de fer.

44

45 • Menus

Dimensions : *env. 20 x 25 cm. Voir croquis. Voir motifs pages 62-63.*

Fournitures : *un châssis entoilé rectangulaire, 20 x 25 cm, réf. 6158500 • peinture universelle DecoArt blanche 102, Erika 274, rouge cerise 286, vert feuille 428, vert éternel 426, gris clair 560 et châtaigne 544 • un pinceau pour pochoir • un pinceau pointu • du papier à dessin blanc et du papier transparent épais col. orange • du bristol pour les pochoirs (le tout, Rayher Hobby, magasins de loisirs créatifs) • du ruban de velours assorti (largeur 7 mm) • un cutter ; un support de découpe • du papier calque • du papier carbone Burda • des ciseaux, une punaise • de la colle universelle Uhu.*

Réalisation

Réalisez des pochoirs selon les explications du modèle 1 (nappe). Pour ces pochoirs décalquez les dessins 1 et 2, découpez-les grossièrement et disposez-les comme sur le schéma ou à votre idée sur une feuille de calque, maintenez le calque avec du ruban adhésif.
Complétez éventuellement la branche d'églantines d'une branche n'en comportant qu'un seul, voir la photo. Peignez grossièrement le fond, au pinceau plat, d'un mélange de gris, blanc et brun, laissez sécher. Appliquez les pochoirs, posez la peinture par petites touches. Retirez les pochoirs, retravaillez les contours au pinceau pointu si nécessaire. Après séchage, collez le ruban de velours tout autour. Pour le menu lui-même, découpez grossièrement deux rectangles de 20 x 7 cm dans du papier à dessin et le papier transparent orange. Ecrivez le texte du menu sur le papier transparent, superposez les deux rectangles. Avec du ruban de velours, faites un petit nœud, laissez pendre deux longues extrémités. Fixez le menu et le nœud sur le côté de la toile avec la punaise, voir la photo.

44 • Nappe

Dimensions : *150 x 150 cm. Voir motifs pages 62-63.*

Fournitures : *env. 160 cm de tissu de lin col. naturel, en 170 cm de largeur, ou une nappe de lin toute faite, au choix ; env. 6 m de ruban de velours orange, 1,5 cm de largeur • fil à coudre coordonné • de la peinture DecoArt pour pochoir rouge cerise 286, vert Hauser foncé 447, vert bouteille 440 et Terracotta 220 • un pinceau pour pochoir • du bristol pour les pochoirs (le tout, Rayher Hobby, magasins de loisirs créatifs) • un cutter, un support de coupe • du papier calque, du papier carbone • du ruban adhésif.*

Réalisation

Avant ce couper le tissu, lavez-le (sans adoucissant) et repassez-le. Coupez une pièce de tissu de 156 x 156 cm, faites tout autour un ourlet simple de 3 cm avec des angles en ourlet, voir explications ci-dessus. Décor : pour réaliser les pochoirs, décalquez les motifs 1 à 8, découpez-les grossièrement. Disposez-les comme sur les schémas ou à votre idée sur le calque, maintenez le calque avec du ruban adhésif. A l'aide du papier carbone, reportez le dessin dans son entier sur le bristol, évidez-le au cutter. Ouvrez les godets de peinture, éliminez avec un mouchoir en papier ou un bâtonnet la couche compacte formée à la surface. Mettez les pochoirs en place, déposez la peinture par petites touches avec le pinceau. Réalisez les feuilles avec les deux tons de vert, créez de petites touches vertes sur les branches, voir la photo. Déposez la peinture pour pochoir en couche très fine. Déposez un motif au pochoir dans les quatre angles de la nappe. Laissez sécher la peinture 1 à 2 jours puis fixez-la au fer à repasser (lire les instructions du fabricant). Finitions : Cousez le ruban de velours à 2,5 cm des bords de la nappe, cousez-le en onglet dans les angles, voir la photo.

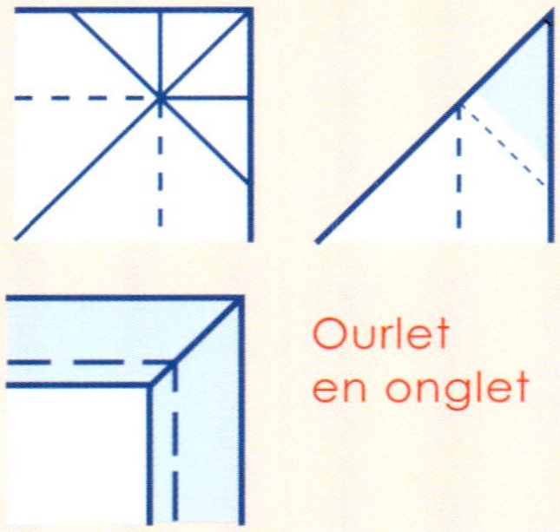

Ourlet en onglet

Marquez la largeur du rabat désiré (lignes pointillées), tracez ensuite la diagonale et enfin une ligne perpendiculaire à la diagonale, passant précisément à l'angle des lignes pointillées. Pliez le tissu endroit contre endroit le long de la diagonale, les lignes pointillées se superposent alors. Piquez l'angle sur la perpendiculaire (voir schéma), coupez l'excédent de l'angle à 1 cm de cette piqûre, ouvrez les coutures au fer. Retournez l'angle, repassez, fixez le rabat par une piqûre.

Peindre avec des pochoirs

Découpez les pochoirs dans le bristol avec le cutter. Eliminez la couche compacte (elle se reforme sans cesse) à la surface de la peinture, à l'aide d'une spatule de bois. Plongez le pinceau, déposez la peinture par petites touches : c'est fait !

46 • Enveloppes de bouteilles

■ **Dimensions :** *env. 14 x 40 cm.*
Voir motifs pages 62-63.

■ **Fournitures :** *env. 40 x 50 cm de tissu de lin naturel • fils à coudre coordonné • de la peinture pour pochoir DecoArt rouge cerise 286, vert Hauser foncé 447, vert bouteille 440 et terracotta 220 • un pinceau pour pochoir • du bristol pour les pochoirs (le tout, Rayher Hobby, magasins de loisirs créatifs). Du ruban de velours coordonné, 7 mm • du ruban orange pour fermer l'enveloppe, 2 cm de large • un cutter ; un support de coupe • du papier calque • du papier carbone • du ruban adhésif.*

■ Réalisation

Avant de le couper, lavez le tissu (sans assouplissant) et repassez-le. Coupez un rectangle de tissu de 28 x 40 cm + 1,5 cm de marge de couture sur le pourtour. Réalisez les pochoirs, voir explications du modèle 44 (nappe). Pour ces pochoirs, décalquez les motifs 1 et 2, découpez grossièrement les calques, et disposez-les comme sur le schéma (haut de la branche) ou à votre idée sur un autre calque, maintenez le calque avec du ruban adhésif.

Coutures : sur le petit côté supérieur, repliez au fer à repasser une marge de 1,5 cm de largeur et surpiquez le ruban de velours, sur ses deux côtés, à 1 cm du bord supérieur. Repliez la pièce de tissu endroit contre endroit sur les longs côtés, piquez, ouvrez les coutures au fer, fermez la couture du fond : placez le tissu de manière que la couture se trouve au milieu de la partie arrière, dans la partie inférieure superposez les côtés de part et d'autre du milieu, bâtissez et piquez la couture du fond. Retournez l'enveloppe, repassez-la, introduisez la bouteille, fermez avec le ruban.

Schéma dumodèle 44

Motifs des modèles 44 à 46

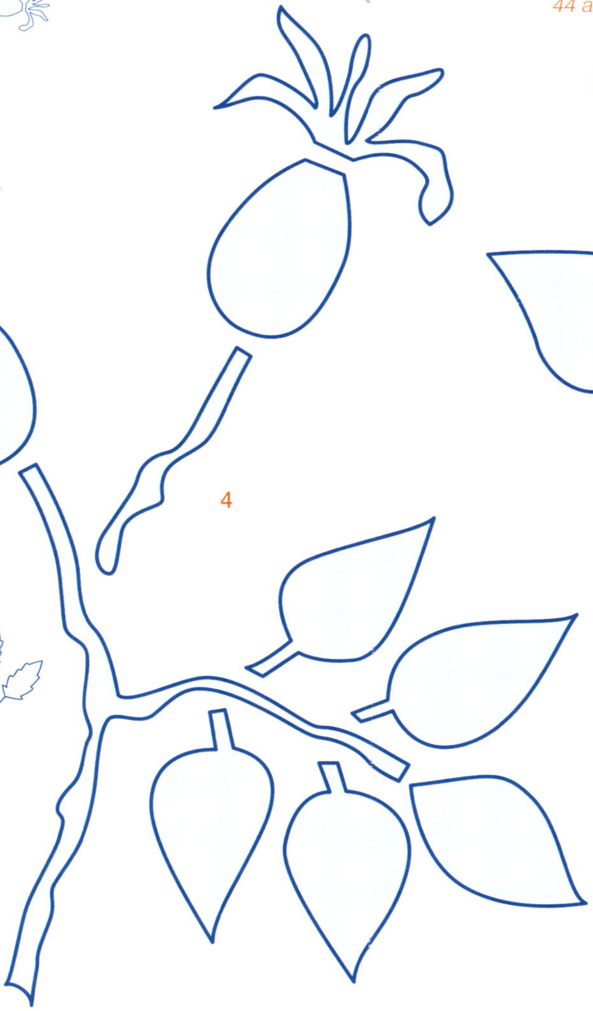

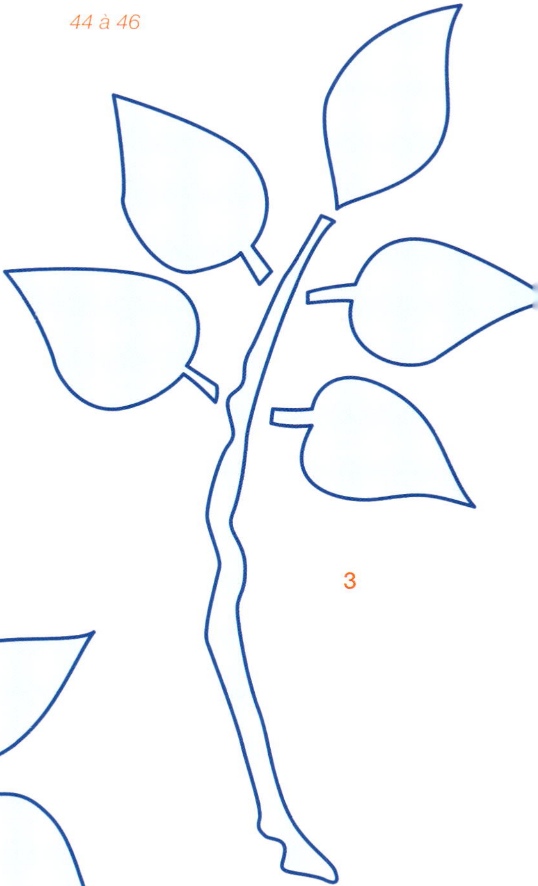

Schéma du modèle 43

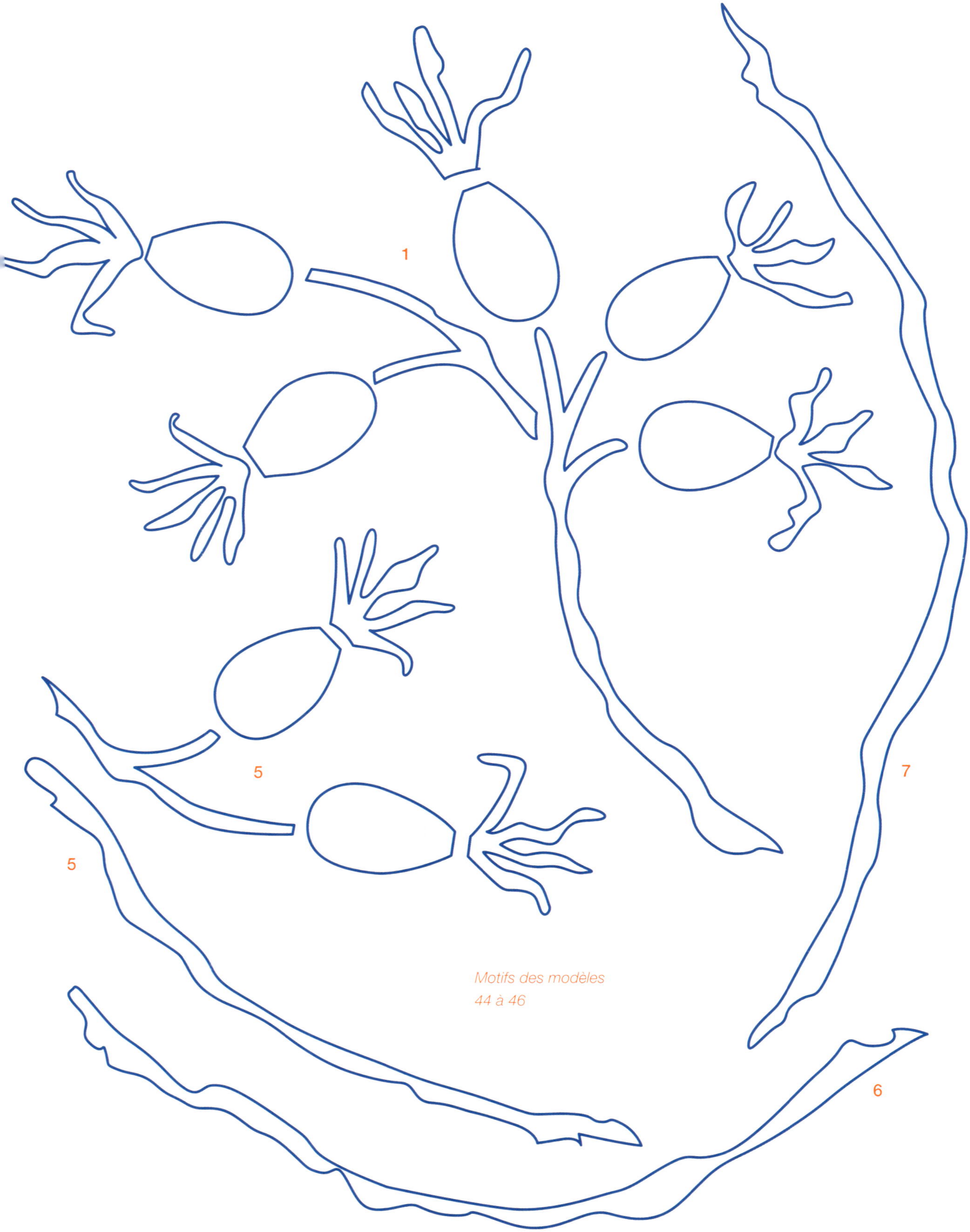

Motifs des modèles
44 à 46

Du cachet dans la déco

Une nouvelle tendance permet de transformer en beauté les objets dont on commençait à se lasser. Les tampons de caoutchouc s'appliquent aussi bien sur le papier que sur l'argile ou le bois.

Tampons

Fournitures : *pour tous les modèles, des tampons de mousse (sets de plusieurs motifs) (ex. Making M., « Foam Stamps », Floral/Dingbat), et des encreurs argenté ou rouge en fonction de la couleur du support (le tout, Kars, magasins de loisirs créatifs).*

47 • Pots

Dimensions : *env. 20 cm de hauteur*
Fournitures : *peinture acrylique Aleene's Holiday Red 180 et True Fuchsia 169 • du vernis mat • un pinceau plat (le tout, Kars) • des pots d'argile à large rebord, au choix*

Réalisation

Peignez-les en deux couleurs et laissez sécher. Encrez le tampon de votre choix sur la couleur désirée et décorez le rebord des pots. Complétez éventuellement le décor au stylo argenté, laissez sécher puis vernissez le tout.

48 • Etiquettes ornementales

Dimensions : *env. 8 à 17 cm de longueur. Schéma ci-dessous.*
Fournitures : *du papier à dessin rouge foncé • du bristol argenté • divers rubans rouges et argentés (le tout, Kars) • de la colle universelle Uhu extra-forte • une perforatrice • un crayon blanc.*

Réalisation

Réalisez au tampon des motifs sur le bristol argenté ; quand l'encre est sèche, découpez les ornements selon les mesures du schéma, en veillant à centrer les motifs, voir la photo. Complétez au crayon blanc le décor du plus petit ornement. Découpez dans le papier rouge la partie rouge des ornements, plus longue et plus large de 3 mm sur tout le pourtour, collez cette partie rouge sous la partie argentée. Perforez les ornements et passez des rubans dans les trous.

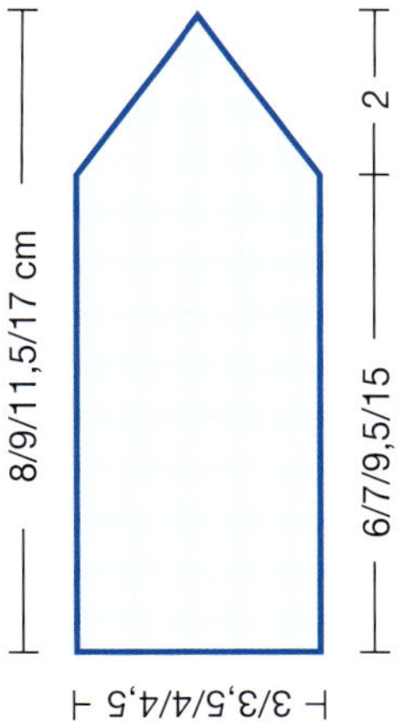

48

49

49 • Sachets

■ **Dimensions :** *env. 15 x 19 cm et 17 x 25 cm. Schéma ci-dessous.*
■ **Fournitures :** *du papier à dessin rouge foncé • du bristol argenté • de la ficelle de papier rouge • des petits blocs de mousse, 2 x 5 x 5 mm, réf. 119491/0021 (le tout, Kars) • de la colle universelle Uhu extra forte*

■ Réalisation

D'après les mesures du schéma (les chiffres entre parenthèses concernent le grand sachet), tracez les contours du sachet sur le papier à dessin, découpez selon les contours. Pliez la ligne inférieure, ouvrez-la à nouveau. Entaillez les axes de collage, pour le fond, jusqu'à la ligne inférieure et supprimez les parties hachurées, voir le schéma. Pour réaliser les plis sur les côtés, pliez les lignes pleines et les lignes hachurées vers l'extérieur, et les deux lignes « point-trait » vers l'intérieur. Collez d'abord le sachet le long des axes de collage latéraux, puis collez le fond. A l'intérieur du sachet, collez dans le haut deux anses de ficelle de papier ; pour consolider le tout, collez deux bandes de papier de 3 cm de large à l'intérieur des bords supérieurs. Réalisez des motifs avec les tampons de votre choix sur le bristol argenté, collez-le à l'aide des petits blocs de mousse.

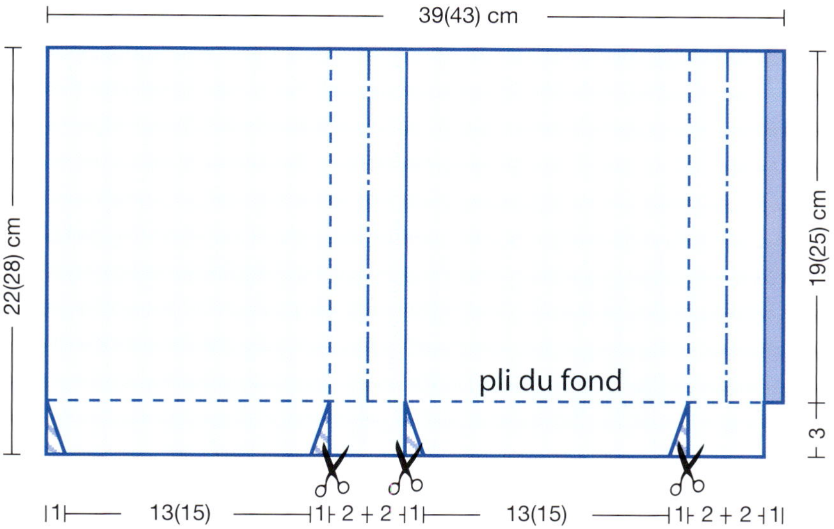

48

Décors au tampon : une technique simple et rapide

Frottez le tampon encreur sur le motif choisi, placez et pressez le tampon sur le support. Une manière très simple de créer un papier cadeau personnalisé !

Tampons de mousse

Chaque tampon contient plusieurs motifs qui peuvent être encrés individuellement.

Fantaisies de feutre

Le feutre est utilisé depuis longtemps par les créateurs de mode. Redécouvert, il occupe aujourd'hui une place de choix dans l'univers de la déco

50 • Anneaux de serviette

Dimensions *de la grappe de raisin : env. 7 x 6 cm. Motif ci-dessous.*
Fournitures : *matériel pour feutrage. Pour ce modèle, laine pour feutrage violette 0007 et olive 0011 • du mouliné à broder, coloris assortis (le tout, Coats) • une aiguille à broder pointue.*

Réalisation

Feutrez dans la laine violette huit boules de 2 cm de diamètre, dans la laine verte un anneau de 6 cm de diamètre, et dans la laine verte la feuille, d'après le motif, voir la technique du feutrage à l'aiguille (petites boules, anneau, et feutrer d'après un modèle). Cousez les boules avec quelques fils de mouliné assorti pour former une grappe, décorez la feuille d'un point avant avec quelques fils de mouliné le long des contours, brodez une nervure centrale, voir le motif. Fixez l'anneau et la feuille à la partie supérieure de la grappe.

51 • Coussin

Dimensions : *env. 42 x 30 cm. Motif ci-dessous.*
Fournitures : *matériel pour feutrage humide et feutrage à l'aiguille. Pour ce modèle, de la laine pour feutrage mérinos écrue 0102 et de la laine pour feutrage olive 0011 (Coats), ou une housse de coussin feutrée écru. Du mouliné à broder vert assorti (Coats) • une aiguille à broder pointue • de la ouate de remplissage.*

Réalisation

Feutrez le coussin (env. 42 x 60 cm), et feutrez les feuilles (motif ci-contre, voir page 70). Pliez en deux le coussin. Superposez les petits côtés, pressez légèrement le pli ou repassez-le. Ouvrez à nouveau le coussin, épinglez les feuilles selon la photo ou à votre idée sur une moitié (qui sera le devant du coussin). Fixez les feuilles avec quelques fils de mouliné, au point avant le long du milieu de la feuille, et brodez les tiges des feuilles au point avant, voir la photo, après les avoir éventuellement tracées au stylo effaçable. Placez les faces du coussin envers contre envers et assemblez-les sur les côtés au point avant. Remplissez le coussin de ouate, faites la dernière couture pour refermer.

A savoir: on trouve aussi dans le commerce des housses de coussin feutrées de couleur écrue.

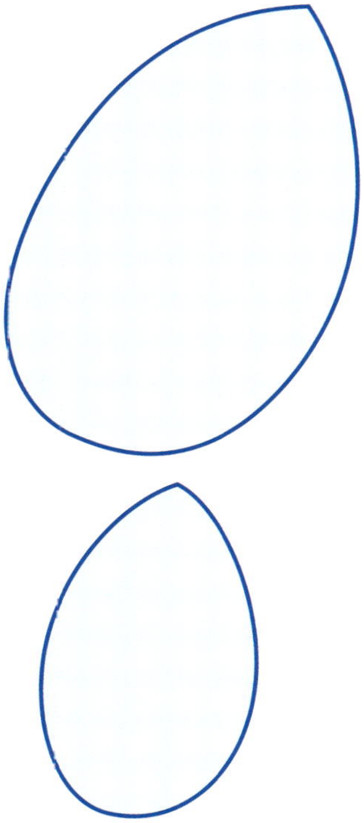

Motif des modèles 50-51

Motif du modèle 52

50

52 • Sets de table

Dimensions : *env. 45 x 35 cm, voir motif page 68.*

Fournitures : *matériel pour feutrage humide et à l'aiguille, voir ci-dessous. Pour ce modèle, de la laine pour feutrage mérinos écru 0102 et de la laine pour feutrage Caramel 0019 (Coats) • du papier calque • un crayon transfert pour calque et fer à repasser, jaune • un crayon.*

Réalisation

Feutrez le rectangle écru destiné au set, dimensions ci-dessus. Décalquez le motif, reportez-le à l'aide du crayon transfert et du fer à repasser, 3 fois sur la largeur du set pour former une bordure, voir la photo. Feutrez les motifs avec la laine caramel, voir technique du feutrage à l'aiguille (d'après un modèle).

Le feutrage à l'aiguille

Fournitures : *un écheveau (25g) de laine pour feutrage (100 % laine de tonte), réf. 98120740, existe en 19 coloris unis et 7 nuances multicolores, réf. 9812.0840 • une aiguille à feutrer anti-rouille, réf. 9825.0700.0001 • un support de mousse pour feutrage, réf. 9825.0750.9061 (le tout, Coats).*

Technique de base

Tirez la laine hors de l'écheveau, donnez-lui la forme désirée et piquez-la avec l'aiguille à feutrer, sur la plaque de mousse. L'aiguille est munie de minuscules crochets qui entraînent les fibres vers le bas. Piquez toujours l'aiguille verticalement et tirez-la de la même manière afin qu'elle ne se casse pas. L'aiguilletage rapide, répété et profond rend la laine plus compacte et feutrée. Soulevez régulièrement la pièce à feutrer afin que ses fibres ne pénètrent pas dans le support de mousse.

Feutrer d'après un modèle

1. Décalquez le motif, découpez-le et reportez les contours avec un crayon sur le support (plaque de mousse ou pièce de feutre).
2. Placez et feutrez progressivement la laine pour feutrage à l'intérieur des contours.

Petites boules

1. Tirez un peu de laine hors de l'écheveau, travaillez-la à la main pour former une boule (au double de la taille désirée), feutrez à l'aide de l'aiguille.
2. Au cours de l'aiguilletage vous pouvez toutefois ajouter d'autres fibres pour agrandir la boule. Soulevez la boule et retournez-la souvent.
3. Quand la boule a atteint la taille désirée, vous pouvez créer un motif feutré avec une laine d'une autre couleur.

Grosses boules ou œufs

1. Tirez un peu de laine et placez-la tout autour d'une boule de polystyrène. Avec l'aiguille, feutrez toute la surface de la boule, jusqu'à ce que le feutre pénètre la surface de la boule.
2. Ajoutez progressivement d'autres fibres de laine, feutrez jusqu'à ce que la boule soit régulièrement recouverte.
3. Vous pouvez pour finir créer un motif feutré avec de la laine d'une couleur différente.

Feuilles

Formez une feuille avec un peu de laine, feutrez-la à l'aiguille sur le support de mousse. Rabattez plusieurs fois les bords de la feuille tout en feutrant, afin d'obtenir des contours bien nets.

Anneau

Formez un anneau de laine, feutrez. Ajoutez régulièrement de petites quantités de laine afin de donner à l'anneau une forme définitive et bien ferme.

51

Touches de couleurs

Rien de plus facile que de rajeunir des meubles de bois un peu ternes. Revêtus de couleurs vives, ils créeront une ambiance joyeuse et cosy

53 • Peinture sur bois

Dimensions : *(hauteur x profondeur x largeur), porte-revues : 31 x 25 x 10 cm ; tabouret : 40 x 40 x 40 cm ; Plateau sur pied : 66 x 40 x 60 cm.*

Fournitures : *un porte-revues en bois non traité « Mackis » (Ikea) • un tabouret escalier à pieds courbes en aulne massif non traité • un plateau sur pied, au choix • peinture pour bois Hobby Line col. pistache 78211, orange 78205, saumon 78504 et magenta 78207 (existe en 20 couleurs différentes) • du vernis mat pour bois peint • un pinceau plat (le tout, Kreul).*

Réalisation

Les peinture à bois (Kreul) permettent de transformer littéralement les meubles de bois brut. Leur surface doit être propre et dénuée de graisse. Posez la peinture avec un pinceau plat. Protégez-la éventuellement à l'aide d'un vernis transparent. Ces peintures sont économiques, non toxiques et donc parfaitement adaptées aux chambres d'enfants.

53

Petites **flammes**

On n'a jamais trop de bougies chez soi ! En particulier à l'approche de Noël dont elles suggèrent toute la magie. Offrez-leur des supports qui révèlent leur beauté !

54 • Petit bougeoir

Dimensions : *env. 12 x 6,5 cm.*
Fournitures : *un bougeoir en deux parties encastrables, réf. 119092/0801 • du papier pour scrapbook, 30,5 x 30,5 cm, vert clair, blanc à fleurs rouges ; divers rubans, réf. 117012/0153 • peinture acrylique Aleene's blanche 0173 • un pinceau (le tout, Kars) • des bougies • des ciseaux • un crayon • de la colle forte universelle Uhu.*

Réalisation

Peignez tous les côtés du bougeoir en blanc, laissez sécher puis collez du papier déco sur toutes les faces. Insérez les deux parties l'une dans l'autre, collez un morceau de ruban, au choix, sur le pourtour métallique des bougies.

55 • Grand bougeoir

Dimensions : *env. 19 x 6 cm, 26 x 23 cm, voir croquis page 76.*
Fournitures : *des panneaux de bois MDF, 19 mm d'épaisseur, 15 x 25 cm (modèle simple) et env. 30 x 30 cm (modèle triple) • du papier de verre • une vrille à bois (grandes surfaces de bricolage) • du papier pour scrapbooking, 30,5 x 30,5 cm, couleur olive à motif rouge/rose, vert à carreaux • de la peinture acrylique Aleene's, col. assortis • un pinceau plat (le tout, Kars) • de la colle à bois Uhu à prise rapide ; de la colle forte universelle Uhu • des coupelles/supports de bougie sur pique pour couronnes de l'Avent, dorés, diamètre 5 cm • des ciseaux ; une règle • un crayon • du papier calque • du papier carbone*

Réalisation

Décalquez les formes (bougeoir, support), complétez-les symétriquement et agrandissez-les à 200 % à la photocopieuse.
A l'aide du papier carbone, reportez les dessins sur le MDF, découpez à la scie, polissez au papier de verre. Peignez les deux faces à la peinture acrylique, laissez sécher puis collez-y du papier pour scrapbooking, voir la photo. Collez les différentes parties les unes aux autres, fixez les coupelles/supports de bougie, après avoir éventuellement percé des trous dans le bois. Conseil : encollez les feuilles de papier d'une couche de colle fine et régulière, déposée à l'aide d'une spatule.

55

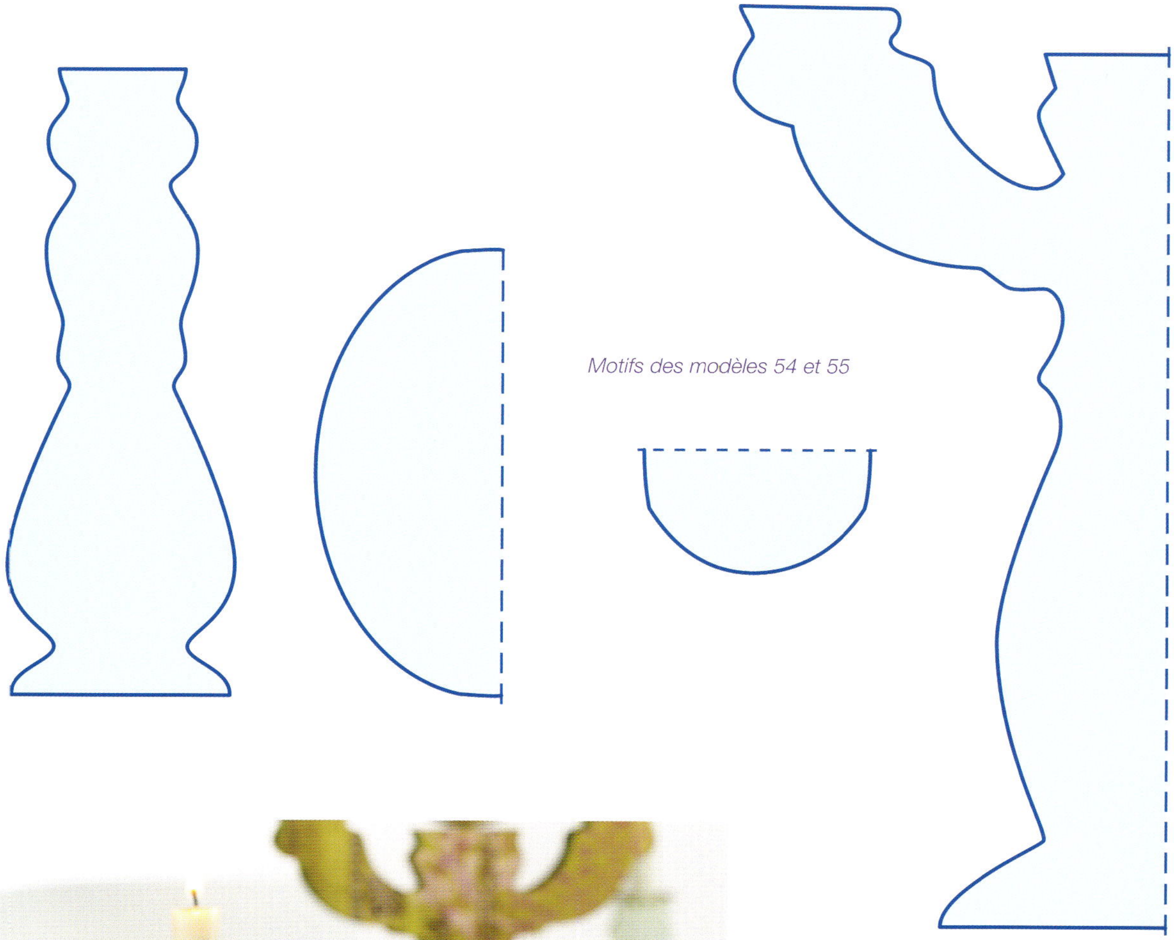

Motifs des modèles 54 et 55

56

56 • Photophores

■ **Dimensions :** *au choix.*
■ **Fournitures :** *du papier transparent épais • du papier pour scrapbooking, 30,5 x 30,5 cm, col. olive à motif rouge/rose, vert clair ; des rubans divers • des clips décoratifs (le tout, Kars) • un roller de colle Uhu • des verres cylindriques.*

■ **Réalisation**

Découpez le papier transparent aux dimensions du verre, en prévoyant une patte de collage de 1 cm de largeur. Au bas du côté inférieur, collez une bande de papier déco de 3 à 5 cm de largeur. Au-dessus de cette bande, collez un ruban assorti. Collez le papier transparent en rouleau sur la patte de collage, passez-le sur le verre, décorez avec les clips.

57

57 • Bougeoirs muraux

Dimensions : *env. 10 x 32 cm.*
Fournitures : *des panneaux de bois MDF, 19 mm d'épaisseur, 10 x 10 cm (support) et 10 x 30 cm (partie murale) • du papier de verre • une mèche à façonner, 2 cm de diamètre • une perceuse à bois (le tout, grands surfaces de bricolage) • du papier pour scrapbooking, 30,5 x 30,5 cm, motif bleu/brun, réf. 117012/0141, bleu clair réf. 117012/0148 et brun clair réf. 117012/0145 (le tout, Kars) • de la colle à bois Uhu à prise rapide • de la colle forte universelle Uhu • des supports de bougie métalliques dorés, 2 cm de diamètre • des ciseaux • une règle • un crayon.*

Réalisation

A l'aide de la mèche à façonner, percez sur le support carré, à 2 cm de l'avant, le trou destiné à la bougie, voir la photo. Pour l'accrochage, percez un trou (jusqu'à la moitié de l'épaisseur du bois) à l'arrière de la partie murale. Collez du papier pour scrapbooking sur toutes les surfaces et les arêtes, en déposant sur le papier une couche de colle fine et régulière, à l'aide d'une spatule pour éviter les ondulations. Collez le support de la bougie dans le trou. Collez la partie murale sur le support carré, fixez avec une vis.

Pureté du blanc

Les décors blancs sont particulièrement festifs. Parsemés de touches d'or et d'argent, ils gagnent en élégance et raffinement.

58 • Ornements de bouteilles

■ Dimensions : *env. 27 cm de hauteur*
■ Fournitures : *des bouteilles de verre blanc, au choix • un reste de tissu lamé argenté • un reste de galon blanc à motif graphique, 1,5 cm de largeur • de la feutrine blanche • du ruban de taffetas blanc, 8 mm de largeur, réf. 6374310 (ex. KnorrPrandell) • des perles de cristal taillé, 4 mm, col. 1016 (Gütermann).*

■ Réalisation

Coupez la bande de feutrine : longueur = circonférence de la bouteille + marge de couture, hauteur en fonction de celle de la bouteille, voir photo. Coupez une bande de lamé de 7 cm de largeur, longueur = circonférence de la bouteille + marge de couture. Au fer à repasser, retournez sur l'envers du lamé une marge de 1 cm sur un des longs côtés, piquez le côté supérieur de la bande lamée sur la feutrine. Piquez le galon sur le côté inférieur du lamé. Fermez la pièce obtenue en anneau. Ouvrez les marges de couture au fer, cousez les perles à facette le long du côté supérieur, voir la photo. Glissez la bouteille dans cette housse, entourez-la d'un ruban de taffetas, nouez-le joliment.

58

59 • Ornements de table

■ Dimensions : *largeur 9 cm, longueur en fonction de la table.*
■ Fournitures : *du lamé argenté et du tissu blanc de coton ou de lin pour l'envers • un galon blanc à motif graphique, 1,5 cm de largeur • une boule de cristal taillé, diamètre 14 mm, col. 1016 • des perles de rocaille en cristal, col. 1016 • des perles cubes en cristal, 8 mm, col. 1016 • des perles de verre blanc, 6 mm de diamètre, col. 1030 • des perles tubes en cristal, 15 mm, col. 1016 • des perles lanternes en cristal, 14 mm, col. 1016 • du fil à coudre universel (le tout, Gütermann creativ) • des ciseaux.*

■ Réalisation

Coupe : pour l'endroit et l'envers, une bande de lamé et une bande de coton blanc, voir les dimensions des pointes sur le croquis page 80, longueur des bandes = largeur de la table + 2 fois env. 20 ou 30 cm, prévoyez une marge de 1 cm tout autour des bandes. Placez les deux parties d'une bande endroit contre endroit, piquez les côtés en laissant une ouverture, retournez la bande, repassez-la, fermez l'ouverture restante.

Pendeloques : enfilez un fil dans une aiguille et pour le premier tronçon enfilez 8 perles de rocaille, 1 perle cube, 2 perles de rocaille, 1 perle de verre, 2 perles de rocaille, 1 perle tube, 2 perles de rocaille, 1 perle lanterne et 1 perle rocaille. Laissez libre un tronçon d'env. 20 cm de fil, passez-le au-dessus de la dernière perle de rocaille et à nouveau à travers toutes les autres perles. Sur ce fil, réalisez une deuxième pendeloque comme décrit ci-dessus.

59

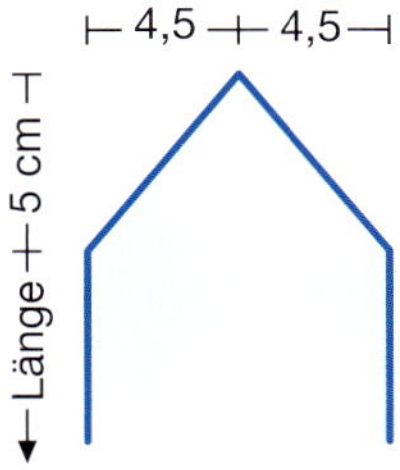

Schéma du modèle 58

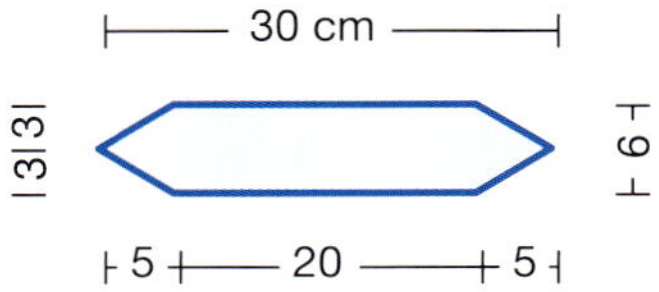

Schéma du modèle 59

59 • Ornements de serviettes

Dimensions : *6 cm de largeur, 10 cm de longueur, voir schéma ci-contre à droite.*

Fournitures : *voir les ornements de table*

Réalisation

Coupe : pour l'envers et l'endroit, coupez une bande de lamé et une bande de tissu blanc d'après les mesures du schéma. Placez les deux parties d'une bande endroit contre endroit, piquez les côtés en laissant une ouverture, retournez la bande, repassez-la, fermez l'ouverture restante. Assemblez les pointes à la main, à petits points invisibles. Réalisez les pendeloques de perles, voir modèle des ornements de table et fixez-les à la main à la pointe des bandes.

60 • Bougies

Dimensions : *env. 15 et 10 cm de hauteur, env. 8 cm et 5 cm de diamètre*

Fournitures : *des feuilles de cire argentée brillante, et argentée • des fils de cire argentée, 2 mm (ex. KnorrPrandell) • des bougies blanches, dimensions ci-dessus ou au choix • un emporte-pièce en forme d'étoile, 2 cm de diamètre • un cutter et un support de coupe.*

Réalisation

Coupez plusieurs bandes dans les feuilles de cire, découpez quelques étoiles à l'emporte-pièce, enroulez les bandes autour des bougies. Entre deux bandes distinctes, enroulez des fils de cire. Puis répartissez les étoiles, voir la photo.

60

Réalisé avec **amour**

Le père Noël a trouvé de l'aide : de charmants lutins ont préparé un beau décor de fête ! Personne ne les a vus, mais ils ont laissé leurs chapeaux dans les assiettes !

61 • Pliage de serviette : pas à pas

1. Pour réaliser ce pliage original il vous faut une serviette rouge, une pique à brochette surmonté d'un pompon blanc, et, éventuellement, un petit gâteau.

2. Pliez la serviette en deux, placez-la devant vous avec le pli vers le haut. Repliez vers le bas le coin supérieur droit et formez un cornet, glissez-y la pique avec son pompon.

3. Rabattez le coin supérieur gauche par-dessus l'autre.

4. Retournez deux fois vers le haut la pointe inférieure, placez la serviette sur l'assiette.

61

Féerie de cristaux

Bienvenue au royaume de la reine des neiges! Ces cristaux immaculés vous promettent un Noël scintillant.

62 • Verres gravés

■ **Dimensions:** *env. 2,5 à 7,5 cm.* *Voir motifs page 86*

■ **Fournitures:** *Hobbyset gravure sur verre (contenu: 2 pointes diamant à graver, 1 pointe pour prédessiner, 1 pince, 1 fraise électrique, 2 verres, 2 morceaux de tissu noir, explications, motifs), réf. 493261 (Opitec) • 2 piles 1,5 V (AA) • des verres, au choix, du ruban adhésif; du papier calque.*

■ **Réalisation**

Décalquez le motif choisi, fixez le calque avec le ruban adhésif à l'intérieur du verre, à l'endroit désiré. Repassez les contours du motif avec la pointe à prédessiner, retirez le calque. Avec la pointe à graver fine, gravez les lignes prédessinées. Conseil: Avec la pointe diamant moyenne, hachurez légèrement aussi les surfaces à l'intérieur des contours, afin que l'appareil électrique ne glisse pas. Gravez ensuite les lignes et les surfaces avec l'appareil électrique.
Pendant ces opérations placez éventuellement un tissu (ou du papier) noir dans le verre afin que le motif soit plus visible.

Pas à pas:

1. Décalquez le motif et placez-le sous le verre. Repassez les contours avec la pointe à prédessiner.

2. Avec la pointe diamant, gravez une première fois les contours et hachurez les surfaces intérieures du motif.

3. Gravez les surfaces et les lignes avec la pointe électrique. Un tissu noir placé sous le verre peut faciliter les opérations.

62

motifs du modèle 62

62

Noël en couleurs

Cette année, pourquoi pas ne pas fêter Noël en technicolor ? Notre déco mêle joyeusement les couleurs vives et quelques touches dorées venues d'Orient.

63 • Ornements de sapin

■ Dimensions : *env. 9 cm de diamètre, env. 11,5 cm de diamètre. Voir croquis ci-contre à droite.*

■ Fournitures : *de la feutrine, 4 mm d'épaisseur, couleur maïs 30, rose vif 33, lilas 35, lavande 77, orange 34, vert clair 11 • des petits miroirs indiens, 1,5 cm de diamètre, réf 55015, vert clair 11, rouge 18, orange 34, lilas 35, lavande 77 • des œillets de métal, réf. 2540521 • des rubans de satin, 3 mm de largeur, col. Maïs 30, vert de mai 85, lilas 39, orange 34 • des perles de bois blanches, diamètre 1 cm, réf. 1200302 (le tout, Rayher Hobby, magasins de loisirs créatifs) • du papier calque • un reste de bristol pour les pochoirs • des ciseaux • de la colle forte universelle Uhu.*

■ Réalisation

Décalquez les motifs, découpez-les. Reportez les contours de l'étoile sur le bristol, évidez, pour faire un pochoir. Reportez l'étoile le nombre de fois désiré sur la feutrine, découpez. Posez un œillet sur une pointe de chaque étoile et collez un petit miroir au centre de chaque face. Passez un ruban de satin dans le trou, enfilez sur le ruban double une perle de bois, nouez les extrémités. Décorez votre sapin à votre idée ou en vous inspirant de la photo. lement un tissu (ou du papier) noir dans le verre afin que le motif soit plus visible.

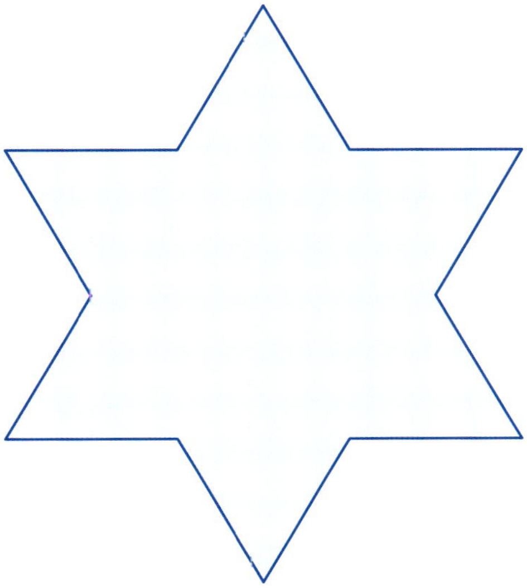

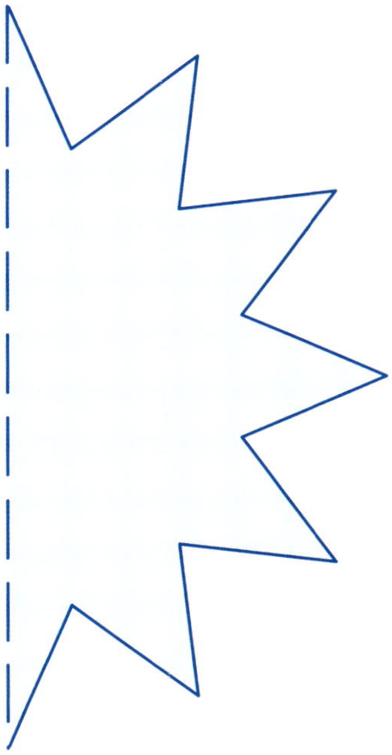

63

Un décor cousu d'or

A Noël, tout est permis : à nous le luxe et le glamour. Perles et papiers à effets sauront créer le raffinement recherché.

64 • Photophores

■ Dimensions : *au choix,*
■ Fournitures : *du papier transparent « Paisley Elegance » doré, réf. 78392 (Heyda) • un roller de colle Uhu • des verres cylindriques • des supports de bougie dorés (Opitec) • du fil à coudre. Pendeloques : des perles de rocaille blanches • des perles de verre ciré blanches et dorées, diamètre 4 mm • des perles de verre ciré dorées, diamètre 8 mm • du fil de fer doré, fin (KnorrPrandell) • des perles lanternes jaunes, 14 mm, col. 8940 • des perles transparentes arc-en-ciel, col. 1016 (Gütermann creativ).*

■ Réalisation

Entourez les verres de papier transparent aux bonnes dimensions, refermez le papier par un trait de colle sur la longueur arrière. Pendeloques : pour le premier fil perlé, enfilez une aiguille, passez-la dans 4 perles de rocaille, 1 petite perle dorée, 2 perles de rocaille, 1 perle blanche, 2 perles de rocaille, 1 petite perle dorée, 6 perles de rocaille, 1 grosse perle, 8 perles de rocaille, 1 perle lanterne, 1 perle de rocaille. Laissez libre un tronçon de fil de 15 cm. Passez le fil par-dessus la dernière perle de rocaille puis repassez-le à travers toutes les perles enfilées. Ce premier fil perlé réalisé, poursuivez par un deuxième, réalisé de la même manière, réalisez 5 fils perlés à la suite l'un de l'autre. A la fin du 5ème, une fois le fil ramené à travers les perles, passez le fil autour des 5 fils perlés pour les réunir, puis enfilez au-dessus de la pendeloque une perle arc-en-ciel et terminez en fixant le fil à une boucle de fil de fer doré.

65 • Boîtes

■ Dimensions : *au choix*
■ Fournitures : *du carton universel « Paisley Elegance » argenté, réf. 72612, et doré réf. 72613 • de la colle universelle extra-forte (le tout, Heyda) • des ficelles argentée et dorée, 6 mm de largeur • une règle • un crayon • un plioir • des ciseaux.*

■ Réalisation

Reproduisez le schéma sur l'envers du carton à la taille désirée. Entaillez les pattes de collage jusqu'aux lignes pointillées. Pliez toutes les lignes pointillées. Repliez vers le haut les parties latérales, collez -les sur les pattes de collage. Puis repliez sur l'intérieur et collez les marges hachurées. Remplissez les boîtes, entourez-les de ficelle, ajoutez éventuellement de petites étoile.

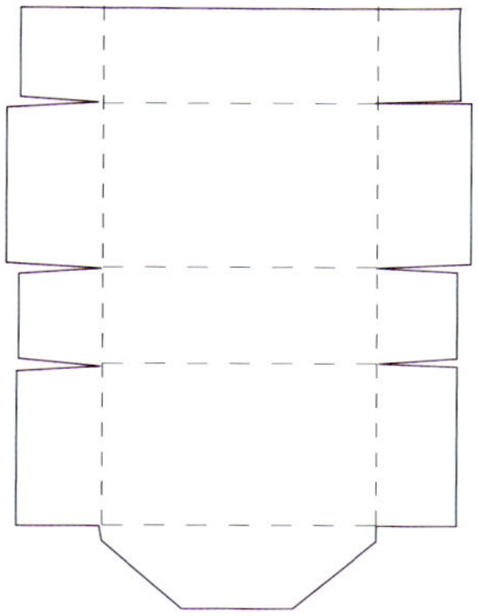

64

Magie des perles

Offrez-vous la plus scintillante des fêtes ! A la lueur des bougies, ces petites perles brilleront de mille feux.

66 • Photophores suspendus

■ Dimensions : *env. 8 cm de diamètre, 12 cm de hauteur.*

■ Fournitures : *des photophores de verre à suspendre • du ruban adhésif double face Tacky Tape, 28 mm de largeur ; des mini billes dorées • des perles de rocaille, 2 mm de diamètre, rouge foncé irisé et transparent • des perles de rocaille, 2,5 mm de diamètre, orange nacré opaque et lilas • des perles de rocaille satin coupées, 2 mm, lilas • des perles tubes à intérieur argenté, 5 x 2 mm, rouges et orange (le tout, Gütermann creativ) • une boîte à chaussures ou tout autre contenant vide.*

■ Réalisation

Collez le Tacky Tape double face autour des photophores, versez les perles de rocaille et les perles tubes assorties sur le pourtour, en plaçant vos mains au-dessus de la boîte à chaussures, récupérez au fur et à mesure les perles qui tombent. Appuyez légèrement sur les perles collées. De la même manière, remplissez les interstices vacants avec les mini billes.

66

67 • Boîtes

■ Dimensions : *boîte ovale, env. 21,5 x 15,5 cm, 7,5 cm de haut. Boîte étoile : env. Ø 13,5 cm, 6 cm de hauteur.*

■ Fournitures : *une boîte de carton ovale, une autre en forme d'étoile • du ruban adhésif double face Tacky Tape, large • des mini billes de verre dorées • une boîte ovale • des perles de rocaille, Ø 2 mm, rouge foncé irisé et rouge moyen transparent • des perles tubes avec intérieur argenté, 5 x 2 mm, rouges. Boîte étoile : Des perles de rocaille, Ø 2,5 mm, orange nacré opaque • des perles de rocaille, Ø 2 mm, orange irisé • des perles de rocaille satin coupées, 2 mm, col. orange (le tout, Gütermann creativ) • une feuille d'or « Easy Metal » • de la colle pour feuille de métal ; du vernis shellac (E. Faber) • un pinceau souple • un pinceau rond • un pinceau plat • une boîte à chaussures*

■ Réalisation

Recouvrez entièrement le couvercle et son rebord avec le ruban adhésif double face. Eparpillez les perles de rocaille et les perles tubes sur le couvercle placé au-dessus de la boîte à chaussures vide, récupérez les perles qui tombent. Appuyez légèrement sur les perles. Remplissez les espaces vacants avec des mini billes. Répartissez ensuite une couche de colle fine et régulière sur la boîte elle-même. Laissez sécher 15 à 20 minutes. Appliquez la feuille d'or sur la colle encore légèrement molle en procédant par petites touches douces à l'aide du pinceau souple. Quand la surface est entièrement recouverte, lissez la feuille d'or avec le pinceau rond, en décrivant des mouvements en forme de croix. Laissez sécher la boîte 24 heures, puis vernissez-la avec le shellac.

67

Anita Pavani Stoffe
Tél : 0049-641-962-82-0
www.naturstoff.de

Chivasso
JAB 155, bd. Haussmann
75008 Paris, tél : 01 53 89 00 00
www.chivasso.com

Coats
chez Steiner Frères 100, av. du Gal de Gaulle 18500 Mehun s/Yèvre, tél. 02 48 23 12 30, fax -40, www.coatsgmbh.de

Deka
L'Atelier des Arts Manuels 30, rue des Boulangers 68100 Mulhouse
tél. 03 89 45 63 22

Designers Guild
tél. 01 44 67 80 70
www.designersguild.com

DMC
13, rue de Pfastatt, 68057 Mulhouse,
www.dmc.com

Eberhard Faber DTM Travaux Manuels, B. P. 31 ZAE, rte de Chateauroux 37290 Preuilly s/ Claise, tél. 02 47 94 60 60, fax 02 47 94 44 10, www.dtm.fr

Freundenberg
Vlieseline, Couture, FAC Courtabœuf - 1, av. de l'Islande BAS 91941 Courtabœuf Cedex tél. 01 69 18 38 00

Gütermann
6, rue Henri Sainte Claire Deville, Bat. C, 92563 Rueil Malmaison Cedex, tél. 01 41 96 88 90,
www.guetermann.com

Hengersberger
tél. 0049 9901 1666

Hexenstich
tél. 0049 6431/27747, fax -367,
hexenstich-stoffe@web.com

IKEA
tél. 0825 826 826, www.ikea.fr

Jab Anstoetz
155, bd Haussmann 75008 Paris,
tél. 01 53 89 00 00

Knorr
Gütermann S.A., 57, av. Pasteur 93260 Les Lilas, tél. 01 43 62 08 14

Kreul
Lyra France, rue des Tisserands - B.P. 15 57145 Woustwiller tél. 03 87 98 19 07

Leibfried
Postfach 140 - D 71043 Indelfingen

Madeira
chez Mercerie Rascol 30 cours Gambetta 34000 MONTPELLIER Tél. 04.67.92.65.64
www.mercerie-rascol.com

Marabu
16/20 rue Marcel Dassault 93141 Bondy Cedex, tél. 01 48 02 73 73

Milpoint
3, bd P. Vaillant Couturier 93108 Montreuil

Mini-Patch Patchwork Idées
Mme Edith Bouthors, 3, bd Ernest Noël 60400 Noyon, tél. 03 44 09 01 89

Opitec
64,rue Defrance 94307 VINCENNES cedex Tél 01 49 57 50 56 www.opitec.fr

Osborne & Little
4, rue des Petits Frères 75002 Paris,
tél. 01 42 86 91 00

Pfaff Husqvarna
Viking, tél. 01 49 38 91 11

Martin Pliester
tél. 0049 202 268 60,
www.escher&pliester.de

Prandell
Créafair 81, rue du Théâtre 75015 Paris
tél. 01 45 77 14 07

Prym
BP 454, route de Rouen 27304 Bernay,
tél. 02 32 47 31 73

Quilt Shop
www.quiltshop-ruthleitz.de

Rayher Hobby
tél. 0049 7392 70050,
www.rayher-hobby.de

Sigikid
France 4, rue Frédéric Sauton 75005 Paris,
tél. 01 56 24 06 76, www.sigikid.de

Södahl
www.soedahl.com

Les Tissus Colbert
53100 Fontaine-Daniel
www.lestissuscolbert.com

Westfalenstoffe Albrecht
tél. 0049 251 928 050

Zweigart & Sawitzki
Société Brodart, 249 rue du Faubourg de Roubaix, 59010 Lille